U0886845

大家小书

大家小书

大一统与儒家思想

杨向奎 著

北京出版集团
文津出版社

图书在版编目（CIP）数据

大一统与儒家思想 / 杨向奎著．— 北京 ：文津出版社，2024. 3

（大家小书）

ISBN 978-7-80554-777-0

Ⅰ. ①大… Ⅱ. ①杨… Ⅲ. ①国家统一—政治思想史—研究—中国—古代 Ⅳ. ① D092

中国版本图书馆 CIP 数据核字（2021）第 246894 号

总 策 划：高立志　　　　策划编辑：王忠波
责任编辑：高立志　邓雪梅　　责任印制：陈冬梅
责任营销：猫　娘　　　　装帧设计：吉　辰

·大家小书·

大一统与儒家思想

DAYITONG YU RUJIA SIXIANG

杨向奎　著

出　　版　北京出版集团
　　　　　文 津 出 版 社
地　　址　北京北三环中路 6 号
邮　　编　100120
网　　址　www.bph.com.cn
总 发 行　北京伦洋图书出版有限公司
印　　刷　北京华联印刷有限公司
经　　销　新华书店
开　　本　880 毫米 ×1230 毫米　1/32
印　　张　10.5
字　　数　184 千字
版　　次　2024 年 3 月第 1 版
印　　次　2024 年 3 月第 1 次印刷
书　　号　ISBN 978-7-80554-777-0
定　　价　58.00 元

总 序

袁行霈

“大家小书”，是一个很俏皮的名称。此所谓“大家”，包括两方面的含义：一、书的作者是大家；二、书是写给大家看的，是大家的读物。所谓“小书”者，只是就其篇幅而言，篇幅显得小一些罢了。若论学术性则不但不轻，有些倒是相当重。其实，篇幅大小也是相对的，一部书十万字，在今天的印刷条件下，似乎算小书，若在老子、孔子的时代，又何尝就小呢？

编辑这套丛书，有一个用意就是节省读者的时间，让读者在较短的时间内获得较多的知识。在信息爆炸的时代，人们要学的东西太多了。补习，遂成为经常的需要。如果不善于补习，东抓一把，西抓一把，今天补这，明天补那，效果未必很好。如果把读书当成吃补药，还会失去读书时应有的那份从容和快乐。这套丛书每本的篇幅都小，读者即使细细地阅读慢慢地体味，也花不了多少时间，可以充分享受读书的乐趣。如果把它们当成补药来吃也行，剂量小，吃起来方便，消化起来也容易。

我们还有一个用意，就是想做一点文化积累的工作。把那些经过时间考验的、读者认同的著作，搜集到一起印刷出版，使之不至于泯没。有些书曾经畅销一时，但现在已经不容易得到；有些书当时或许没有引起很多人注意，但时间证明它们价值不菲。这两类书都需要挖掘出来，让它们重现光芒。科技类的图书偏重实用，一过时就不会有太多读者了，除了研究科技史的人还要用到之外。人文科学则不然，有许多书是常读常新的。然而，这套丛书也不都是旧书的重版，我们也想请一些著名的学者新写一些学术性和普及性兼备的小书，以满足读者日益增长的需求。

“大家小书”的开本不大，读者可以揣进衣兜里，随时随地掏出来读上几页。在路边等人的时候，在排队买戏票的时候，在车上、在公园里，都可以读。这样的读者多了，会为社会增添一些文化的色彩和学习的气氛，岂不是一件好事吗？

“大家小书”出版在即，出版社同志命我撰序说明原委。既然这套丛书标示书之小，序言当然也应以短小为宜。该说的都说了，就此搁笔吧。

序

吴锐

杨向奎先生，字拱辰，1910年1月10日出生于河北省丰润县（今唐山市丰润区）丰登坞镇杨家庄。1929年考入北京大学预科。1931年转入历史系，受教于顾颉刚、傅斯年、钱穆诸先生，也选修过钱玄同、胡适、熊十力等前辈的课程。其间，与同学孙以悌、高去寻、胡厚宣、张政烺、王树民成立读书会——“潜社”，出版《潜社史学论丛》。1935年，毕业留本校文科研究所任助理，整理明清档案。1936年，赴日本东京帝国大学留学，跟加藤繁教授（KAT ō Shigeshi，1880—1946）学习隋唐史。1937年，七七事变时回国。1938年，任甘肃学院讲师、教授。1940年，到成都齐鲁大学国学研究所任职。1941年，任城固西北联合大学历史系副教授。1943年秋，任四川三台县东北大学历史系教授。1946—1956年，任青岛山东大学教授及中文与历史两系主任、文学院院长，创办《文史哲》。1956年，调到北京，任中国科学院历史研究所二所（现中国社会科学院历史研究所）研究员、清史研究室主任，兼任中国社会科学院研究生院教授、博士生导师。先生是中国人民政治协商会议第五、第六届全国委员会委员。2000年7月23日，在北京去世，新华社、《人民日报》、《光明日报》、《中国社会科学院院报》等媒体誉之为“史学界一代宗师”。

杨先生在1949年前已经是古史辨学派的一员，古史辨学派的标志性出版物《古史辨》和《禹贡》，杨先生都是其中的作者。杨先生后来脱离了古史辨派，实际已经自成一派，本人已有论述。[1]作为盖棺定论的史学界一代宗师，杨向奎先生留下了800多万字的高水平著作。自然科学方面的著作如《自然哲学与道德哲学》《哲学与科学——〈自然哲学〉续篇》《墨经数理研究》，社会科学方面的著作如《中国古代社会与古代思想研究》《绎史斋学术文集》《宗周社会与礼乐文明》，经学方面的著作如《儒家思想与大一统》《缙经室学术文集》《清儒学案新编》等。

杨先生是我国屈指可数的经学专家。“经学”，顾名思义，是研究古代经书的一门学问。我国的经书由最初的五种（《诗》《书》《礼》《易》《春秋》）演变到“十三经”，儒家认为里面包含着宇宙间一切真理，是大学问；而帮助理

[1] 吴锐:《百年树人怀拱辰——丰润杨先生学案小引》，载《古史考》第八卷，海南出版社，2003年；吴锐:《丰润杨向奎学派的得与失》，载唐山市《杨向奎研究会会刊》创刊号，2007年6月10日。

解经学的文字训诂功夫，是小学问，就叫“小学”。杨先生在北京大学读书时与张政烺先生友善，他们二位当时就被认为是研究经学的年轻学人。抗战时期，顾颉刚先生还与杨先生通信讨论经学研究计划。1945年，杨先生将前两年写的讲义出版，书名是《西汉经学与政治》，对当时指控刘歆伪造古书的风气驳正较多，受到顾颉刚、傅斯年、董作宾等先生的好评。1949年后，大陆研究公羊学的几乎绝迹。1978年，吉林省社会科学院请杨先生去讲《公羊春秋》。1988年，杨先生写成专书，后于1989年6月由中国友谊出版公司出版。

儒家是在春秋末年产生的学派，属私学，到汉朝才抬高为官学。汉朝建立之初，经济凋敝，将相或乘牛车，在意识形态领域，无所建树，这与统治阶级尊奉黄老之学、与民休息有关。到汉武帝亲政时，形势大变。他采纳董仲舒的建议，罢黜百家，独尊儒术。由于董仲舒是传授《公羊传》的，于是公羊学大盛。当时还没有出现《左传》等“古文”，因此公羊学属于今文学。按照儒家的正统说法，《春秋》是孔子所修，三传为解释《春秋》而作。因此，左丘明作的叫《左氏春秋》，即今天通称的《左传》；公羊高作的叫《公羊春秋》，即今天通称的《公羊传》；穀梁赤作的叫《穀梁春秋》，即今天通称的《穀梁传》。“鲁君子”左丘明与孔子同时，当然是春秋晚期人。齐人公羊高的老师卜商字子夏，是孔子的学生，小孔子四十四岁。穀梁赤相传也是子夏门人。如此，则公羊高、穀梁赤晚至战国。关于左丘明、公羊高、穀梁赤的生平，特别是绵绵不绝的传授系统，都非常可疑。

《公羊传》一开头就将《春秋经》记“王正月”解释为“大一统也”。“大”是表彰的意思。杨向奎先生认为，公羊学派最主要的理论是大一统。杨先生在本书中首先追溯了华夏统一的实体是如何形成的这个大问题。《国语·晋语》记载：“昔少典娶于有蟜氏，生黄帝、炎帝。黄帝以姬水成，炎帝以姜水成。成而异德，故黄帝为姬，炎帝为姜。”黄帝、炎帝实为华夏族两支之始祖。黄帝发祥于姬水，炎帝发祥于姜水。姜水，一般认为即今过陕西岐山县，东经扶风、武功入渭水。姬水，无论是文献、考古以及地方传说都无踪迹。杨先生独树一帜，认为姬水即漆水，发源于今麟游西偏北之杜林，而在今武功入渭。周人自称“我姬氏出自天鼋”，郭沫若认为“天鼋”即轩辕，也就是黄帝。青铜器屡见族徽，下半部分是龟的象形，杨先生赞同郭沫若的释读，释为“天鼋”。夏族是姒姓，“以”即“已”，小篆的字形还像盘蛇。夏族的后裔有褒国，西周末年立国于今天的陕西汉中。《周语·郑语》叙述二龙交配，化为“玄鼋”，后来变为褒姒。“玄鼋”，古注以为象龙蛇者，杨向奎先生认为即金文之，下半部分也是龟的象形。这样就从图腾崇拜上证明了黄帝—夏—周是一系。这一系发展为宗周灿烂的礼乐文明，因此儒家特别重视礼学。

黄帝—夏—周一系融合了东夷集团，形成华夏集团，即“中国”，代表文明；中国的对立面是“夷狄”，代表野蛮。《春秋·桓公十五年》记“邾娄人、牟人、葛人来朝”，《公羊传》认为之所以称“人”，是“夷狄之也”。《春秋·庄公十八年》：“夏，公追戎于济西。”《公羊传》写道：“大其为中国追也。”《春秋·昭公二十三年》：“戊辰，吴败顿、胡、沈、蔡、陈、许之师于鸡父。胡子髡、沈子楹灭，获陈夏啮。”《公羊传》：“此偏战也。曷为以诈战之辞言之？不与夷狄之主中国也。然则曷为不使中国主之？中国亦新夷狄也。”《公羊传》作者虽然不赞同夷狄主中国，但也痛斥有夷狄之行的“中国”，将这样的“中国”贬斥到“新夷狄”的行列。换言之，“中国”不是靠血缘天然成就，而是后天的文化有以生成。东汉公羊学大师何休接着发挥道：“中国所以异乎夷狄者，以其能尊尊也。王室乱，莫肯救，君臣上下败坏，亦新有夷狄之行，故不使主之。”鲁国是周公封国，堪称最正宗的“中国”，何休痛斥它有“夷狄之行”，因为鲁国多次围取邾娄邑，邾娄未曾加非于鲁国。“中国亦新夷狄”这样石破天惊的议论在《穀梁传》《左传》里是完全看不到的。因此，杨先生高度评价《公羊传》的思想，认为公羊学实际是继承孟、荀两家学说而有所发展，孟、荀两家其历史学说虽然与孔子不同，但同倡一统。先秦公羊学本来是新兴地主阶级思想意识的反映，而新兴地主阶级和过去的宗法贵族有着千丝万缕的关系。因此，公羊学派的历史哲学能向前看，但有时回顾，未免徘徊于两者间，法后王而好古。西汉社会所创造的现实，实现了公羊学派向往的大一统，适当地解决了他们的矛盾观点，而今文学派也取得了经师中的正统地位。卓越的史学家司马迁也鼓吹三统，提倡三世，充分肯定了公羊学派大一统的学说。

杨先生认为《公羊》义法之变始于东汉《白虎通》，它反映了豪门地主阶级的强大而企图削弱天子的地位，不倡大一统了。至东汉末何休的《春秋公羊解诂》，是两汉《公羊》义法的总结。何休是前期公羊学集大成的人物，如果没有他的总结，公羊学恐怕无法表现其系统的历史哲学。没有这种历史哲学的流传，则清儒无法发现公羊学的价值所在。《公羊》富于大义，而大一统及尊王攘夷为其要义。时至南宋，四夷交侵，迫于形势，理学家侈谈尊王攘夷，不谈大一统而谈正统。宋代学者并没有重视《公羊》，也没有发现何休的总结。迟至清代常州学派之创始人庄存与，发现了《公羊春秋》，但没有发现何休的总结，孔广森发现了何休的总结，但偏离了方向。至刘逢禄，始能比较正确地理解何休。清末廖平大张今文旗帜，惊于《公羊》之非常异义，而多变其说。至南海康有为，乃大有发展，于是

《公羊》家喻户晓，成为救世变法之良方。杨先生认为他的顾老师（颉刚）开创的古史辨派，也受有清代今文学的影响。在顾先生的思想体系中，也可以找到大一统的思想成分及各民族平等的进步思想——这也是公羊学的光辉所至。

我国伟大的历史学家司马迁自述撰写《史记》的抱负是“究天人之际，通古今之变，成一家之言”，这三个方面是历史学家的最高境界，杨先生是达到了。《大一统与儒家思想》篇幅不大，却不愧“究天人之际，通古今之变，成一家之言”。

2011年3月

目录

序言 / 001

一　先秦儒家之一统思想 / 005

二　一统天下的理想制度 / 033

三　公羊学派之形成与大一统思想 / 067

四　汉武帝之大一统与董仲舒的对策 / 087

五　司马迁与公羊学 / 123

六　何休对于公羊学的总结 / 147

七　宋儒之“春秋学” / 169

八　清代前期的大一统论与公羊学 / 223

九　康有为的今文经学及其大同思想 / 277

十　历史的回顾 / 299

后记 / 313

序言

十年前，吉林省社会科学院院长佟冬同志邀我去该院讲《公羊春秋》。他说，吴承仕先生曾经说过，清末，满朝满野讲《公羊》，因而促进了变法维新运动，当时虽然变法不成，但《公羊》的精神未泯，所以我答应了邀请而说《公羊》大一统义。当时，在座者有张璇如、蒋秀松、郭建文等同志。今春，璇如等三同志来访，重谈《公羊》，约我写《大一统与儒家思想》，应之，遂有此作。

大一统义倡自《公羊》，汉末何休发扬光大之，千百年来此义深入人心，变成我国民族间之凝聚力，都是炎黄子孙，华夏文明，始终应当一统。魏晋以后，政权分崩，实不一统，但任何一族之当道者，都以一统为己任而以炎黄之后自负。十六国时代，后赵石勒本羯人，当他意欲移都洛阳而飨酒，谓徐光曰："朕方自古开基何等主也?"对曰："陛下神武，筹略迈于高皇，雄艺卓荦，超绝魏祖，自三王以来，无可比也，其轩辕之亚乎?"勒笑曰："人岂不自知，卿言亦以太过。朕若逢高皇，当北面而事之，与韩彭竞鞭而争先耳。朕遇光武，当并驱于中原，未知鹿死谁手！……朕当在二刘之间耳，轩辕岂所拟乎！"(《晋书》载记第四石勒）石勒属于当时之少数民族，臣下乃比之于华夏轩辕，而自处于二刘之间，逐鹿中原以统一天下。无任何氏族隔阂，都是大一统之负荷者。后来宋人欧阳修、朱熹等先哲，又倡正统说，以补大一统说之不足。

近来陈桥驿教授在《郦道元生平考》一文中也曾经指出，在“《水经注》这部巨著中，却相当充分地反映了作者的思想观点，从全书来看，他最主要的思想，即是前已述及的南北统一，恢复一个版图广大的中华帝国的愿望”。这说明了大一统思想之深入人心，变作无比的精神力量。陈教授又曾说：“在《水经注》以前的一切地理著作中描写祖国各地的自然风景的，实在凤毛麟角，但郦道元却在这方面如此殚精竭力，逾格重视，这只能说明他如何地热爱祖国的大好河山。一个生来就从未见到过统一祖国的人，而却要将历史上一个伟大王朝的疆域作为他的写作范围，这也只能说明他是如何向往着一个统一的祖国。在南北朝这样一个国家分裂，山河破碎，战争频仍，人民流离的时代里，但郦道元却能写出这样一部把当时这个支离破碎的国家融合成一体的巨著，而又以如此美好的描述，歌颂祖国各地的自然环境和人文环境。由此可以说明，《水经注》是一部伟大的爱国主义著作，而郦道元则是一位值得崇敬的爱国主义者。”（《郦道元生平考》见《地理学报》43卷3期）

陈桥驿教授称赞郦道元是一位值得崇敬的爱国主义者，因为他是一位祖国统一的向往者。我们钦佩桥驿教授的卓识，同时也认识到，即使在中国分崩离析的时代，无论朝野，这统一的思想始终浸润在人们的心间。

杨向奎

1988年12月5日于北京

先秦儒家之一统思想
——兼论“炎黄”“华夏”两实体之形成

一、

一统和大一统思想，三千年来浸润着我国人民的思想感情，这是一种向心力，是一种回归的力量。这种力量的源泉不是狭隘的民族观念，而是一种内容丰富，包括有政治、经济、文化各种要素在内的“实体”，而文化的要素有时更占重要地位。“华夏文明”照耀在天地间，使人们具有自豪感和自信心，因而是无比的精神力量。它要求人们统一于“华夏”，统一于“中国”，这“华夏”与“中国”不能理解为大民族主义或者是一种强大的征服力量，它是一种理想，一种自民族、国家实体升华了的境界。这种境界有发达的经济、理想的政治、崇高的文化水平而没有种族歧视及阶级差别，是谓“大同”。当然，这种升华的概念是逐渐形成的。夏商时代，文献不足，我们自宗周说起。宗周人自称为“夏”，比如《尚书·君奭》：

惟文王尚克修和我有夏。

“夏”即三代“夏、商、周”之夏，周自称为夏，“诸夏”即属于相同文化类型的国家。这些国家统一于周天子而构成“天下”。天下有“四国多方”，这“多方”不必属于华夏国家，如宗周初年，对殷商之与国即称为“四国多方”，《周书·多方》有：

周公曰：王若曰，猷告尔四国多方。

告诉他们如果臣服于周，尚可以保留土地人民，否则将“致天之罚”。我们因此看出宗周一统是有层次的：四方、诸夏与中国。中国即王都所在，乃天下之中心。因为有不同层次，后来遂有“五服”制的产生。《诗·大雅·民劳》：

民亦劳止，汔可小康；惠此中国，以绥四方。

使中国与四方并列，中国即王都与诸夏国，而四方则包括有商及东夷及原来宗周之同盟国。周灭商后，疆域扩大，已经是一统的多民族国家。因而，当时人们的思想中遂有：

普天之下，莫非王土；率土之滨，莫非王臣。

即大一统思想之初步形成。

统一，统一于华夏，“华夏”本身也不是单一的民族集团，而是多民族的复合体。徐旭生先生在《中国古史的传说时代》中指出，华夏集团“是集团中最重要的集团，所以此后它就成了我们中国全族的代表，把其他的两集团几乎全掩蔽下去。此部族中又分出于两个大亚族，一个叫做炎帝，一个叫做黄帝”。（《中国古史的传说时代》第40页）

华夏族诚然是中华民族的最重要的集团，可以作为中国全民族的代表，但不能说华夏族仅由炎、黄两族所构成，它开始就是一个多民族的复合体，炎、黄、夏、周外，东夷集团，尤其是虞与殷商，在构成华夏族中起了骨干作用。虞、夏、商、周四代构成了华夏族，孕育着灿烂的华夏文明。虞殷代表了东夷集团，以鸟作图腾，夏周代表了夏族集团，以龙蛇作图腾。但周代实际承袭了夷、夏两系文明。孔子曾经说：

> 殷因于夏礼，所损益可知也；周因于殷礼，所损益可知也。其或继周者，虽百世可知也。（《论语·为政》）

广义的“礼”，泛指社会文明，这是自古至今最正确的对待传统文化的态度。“损”是去掉，“益”是增加，对待传统有损有益也就是批判地继承发展，因此才出现了“周监于二代，郁郁乎文哉，吾从周”（《论语·八佾》）的良好局面。“从周”是法后王，这为后来荀子之“法后王”及公羊学派之“张三世”的理论建立了基础。夷、夏两系都不是孤立的、封闭的系统，他们彼此交往，互相渗透，于是逐渐融合一体。夏代初期少康以前一段动乱的历史，即夷、夏交争而互相渗透以至融合的历史。夷、夏之争，在当时来说，已经不是异族间互相侵略，罗泌在《路史》中就曾以羿、浞之乱比之于安史之乱，后羿、寒浞实在是夏之叛臣，虽然傅斯年先生反对这种说法而认为夷羿是“敌国之君”。（《夷夏东西说》）我们研究这一段历史过程，知道当时夷、夏之间的关系本来密切。史实见于《左传》襄公四年及哀公元年，襄公四年有：

> 昔有夏之方衰也，后羿自鉏迁于穷石，因夏民以代夏政，恃其射也，不修民事而淫于原兽，弃武罗、伯因、熊髡、尨圉，而用寒浞。寒浞，伯明氏之谗子弟也，伯明后寒弃之，夷羿收之，信而使之，以为己相。浞行媚于内，而施赂于外，愚弄其民，而虞羿于田。……羿犹不悛，将归自田，家众杀而烹之，以食其子。……靡奔有鬲氏。浞因羿室，生浇及豷……使浇用师，灭斟灌及斟寻氏。处浇于过，处豷于戈。靡自有鬲氏收二国之烬，以灭浞而立少康。少康灭浇于过，后杼灭豷于戈，有穷由是遂亡，失人故也。

靡是夏遗臣而臣于后羿者，虽臣于二代而不以为忤，终复夏政，说明当时夷夏已少民族隔阂，而后来之《虞箴》有云：“在帝夷羿，冒于原兽，忘其国恤，而思其麀牡，武不可重，用不恢于夏家。”(《夷夏东西说》)《虞箴》要夷羿而恢于夏家，是以夷夏为一体。又哀公元年《传》记此事有：“昔有过浇杀斟灌以伐斟鄩（寻），灭夏后相。后缗方娠，逃出自窦，归于有仍，生少康焉，为仍牧正……浇使椒求之。逃奔有虞，为之庖正，以除其害，虞思于是妻之以二姚，而邑诸纶，有田一成，有众一旅……以收夏众，抚其官职……遂灭过戈，复禹之绩，祀夏配天，不失旧物。”虞思妻少康以二姚，是虞夏两氏之族外婚；而虞属东夷，是夷、夏两族在夏代已融为一体。所以我们说，在华夏族及华夏文明之形成过程中，东夷与夏周都是其中重要的组成部分，夏周文化不过是华夏文化之一支，田昌五先生的意思是可取的：“从部落王国到夏朝建立也是华夏族的形成过程，而夏文化则为华夏文化的一支，并不能成为单一的民族文化。”(《古代社会形态析论》第202页）夏代文化不能代表整个华夏文化，因为其中融合了虞殷东夷系统的文化内容。这在考古发掘上看到的“文化叠压关系”中也可以得到说明。上引田氏著作于此指出：“这种联合和兼并的过程在考古文化中是有反映的。明显的如仰韶文化的氏族部落和大汶口文化的氏族部落，后期有在中原地区交错而处的现象。交错而处必然要发生斗争和联合，后来在这种斗争和联合中形成了所谓河南龙山文化。”(同上）虽然此所谓“形成了所谓河南龙山文化”的论断，是否即夷、夏两族交融的结果，还有待进一步论证，但作为民族融合而反映出文化之推陈出新，因而有考古上之反映，是没有疑问的。华夏民族文化之融合，自虞夏开端，至宗周而成熟，“郁郁乎文哉”之周文明，实在是光辉灿烂的华夏文明。战国而后，在中国范围内新民族崛起，于是重新组合，而有汉族及汉文明。民族之融合，不断发展，代表本民族之文明亦不断在发展中，遂有中华民族及其所代表的中华文明。

华夏文明，在当时世界上是一种伟大的文化体系，对于中国人民，它是一种向心力，回归的力量。它是统一中国的凝集力，因为它不是狭隘的民族意识，也不是并吞一切的大民族意识，它是民族意识的升华，它是一种标准，一种水平，这标准、水平用以衡量一统中国的各族，达标者为中国为华夏，落伍者为夷狄、为野蛮；中国可以退为夷狄，夷狄可以进为华夏！这是圣洁的词汇，华夏，据此内容，遂有公羊学派之大一统。

我们说华夏文明是夷、夏文明之融合体，其实即以夏族论，它也是多民族的复合。在部族时代，夏族实行族外婚，因而有姬、姜两氏，而姬、姜两氏之始祖为黄帝、炎帝。黄帝是夏、周始祖，《国语·晋语》说黄帝、炎帝同出少典氏，而《史记·五帝本纪》说：

> 轩辕之时，神农氏世衰，诸侯相侵伐……于

是轩辕乃习用干戈，以征不享……而蚩尤最为暴，莫能伐。炎帝欲侵陵诸侯，诸侯咸归轩辕，轩辕乃修德振兵……以与炎帝战于阪泉之野……与蚩尤战于涿鹿之野，遂擒杀蚩尤，而诸侯咸尊轩辕为天子……披山通道，未尝宁居。东至于海……及岱宗，西至于空桐……南至于江……北逐荤粥，合符釜山，而邑于涿鹿之阿，迁徙往来无常处。

《史记》开始于五帝，是具有卓识的，这是中国历史进入文明时期，黄帝曾与蚩尤争，与炎帝争。黄帝、炎帝实为华夏族一支中之始祖。我们从《史记·五帝本纪》的记叙中，追寻黄帝的足迹，他东至海，西至空桐，南至江，北逐荤粥；虽邑于涿鹿而"迁徙往来无常处"。但我们还是可以找到黄帝活动的中心：一是与炎帝战于阪泉之野，《史记正义》以为阪泉在今河北保定境；二是与蚩尤战于涿鹿之野，《史记集解》以为涿鹿在今河北宣化保安境内；三是合符釜山而邑于涿鹿，《史记正义》以为釜山在"妫州怀戎县北三里"，与阪泉邻。那么黄帝活动中心在今北京及河北保定一带地区。但据《国语·晋语》云"黄帝以姬水成，炎帝以姜水成"，所谓以某水成即生长于某水域，而姬水、姜水均不在今河北、北京一带，今陕西尚可以找到以上两水。徐旭生先生说："比较可靠的是姜水所在，《水经注》渭水条下说：‘岐水又东，经姜氏城南为姜水。’按《世本》炎帝姜姓。《帝王世纪》曰：‘炎帝神农氏姜姓，母女登游华阳，感神而生炎帝于姜水，是其地也。’岐水在岐山南面，当在今陕西岐山县城东面，就是地图上西出岐山，东过武功，折南流入武功的小水。此水南面隔着渭水，就离秦岭不远。……姜水与古华山很近，炎帝的传说或可以传播到山的南面。皇甫谧所说的‘炎帝母游华阳’来源颇古。……现在宝鸡县城南门外就临着渭水，过渭水南一二里，在黄土塬边上有一村，叫做姜城堡，堡西有一小水，从秦岭中流出，叫做清姜河。……这一个姜城堡,《宝鸡县志》说它就是《水经注》所说的姜氏城。……姜城堡与姜氏城虽有两个字的相同，一定不能是一个地方。虽然如此，姜城堡附近却有很好的彩陶遗址，在我国历史的黎明时期，就有人居住。……并且，周弃的母亲姜原（或作姜嫄）明白为姜姓的女儿。周弃所居的邰就在今武功县境内，西离岐山也不过几十里。……姜姓其他的一个神话中所说的磻溪水也在这一带。《水经注》渭水条下说‘渭水之右，磻溪水注之。水出南山兹谷。……兹中有泉谓之兹泉。……即《吕氏春秋》所谓“太公钓兹泉”者也。其投竿跽饵，两郗遗迹犹存，是有磻溪之称也’。……磻溪的名字应当不是妄传。这条水在现在宝鸡县城东四五十里处的渭水南岸，为一小溪，北流入渭水。……这以上所述文献内的材料，考古方面的材料，民间传说的材料，似乎完全符合，足以证明炎帝氏族的发祥地在今陕西境内渭水上游一带。”（《中国古史的传说时代》第41—42页）

以上徐旭生先生对于姜水及有关地区的考证颇细致，用以说明姜氏族的发祥地。但姜、羌本为一体，他们的来源去路遍及黄河上下游，山东境内先秦时代多姜姓古国，而太公望于封齐前，在东方的传说并不比西方少。而姜为四岳后，四岳乃其发祥圣地。那么说，炎帝姜姓氏族发祥在今陕西渭水上游问题颇多。我们低估了古人的活动力量，他们尚非农业，迁徙无常，发祥地云云，是很难确定的，但姜氏曾活动于姜水流域是无问题的，一如姬氏之曾活动于姬水流域。但姬水所在却不易追寻，徐旭生先生就曾经说，不知道是现在的哪一条水。（《中国古史的传说时代》）但徐先生也曾指出，姬姓的周弃就住在邰，姬姓最初祖先黄帝的坟墓相传在桥山。桥山，近代的书全说它在今黄陵县（旧中部县）境内，实则北宋以前记载全说它在汉阳周县境，阳周县在今子长县境，在黄陵县北偏东数百里。又黄帝的传说同崆峒很有关系。《新唐书·地理志》原州平高县下有崆峒山，当即此地。平高在今甘肃镇原县境内，离陕西界不远。看古代关于姬姓传说流传的地方，可以推断黄帝氏族的发祥地大约在今陕西的北部，它与发祥在陕西西部偏南的炎帝氏族的居住地相距并不很远。

徐旭生先生治学谨严，不作泛滥的推断，但谓黄帝氏族发祥于陕西北部的说法，与炎帝氏族发祥于陕西西部偏南的说法，同样有问题，不能以活动过的地区当作发祥地。上面已经说过，黄帝是华夏族的一支祖先，他的故事遍及中国，我们曾经引用《史记·五帝本纪》的记载，说明黄帝的活动中心在北京保定一带，而他们是“迁徙无常”的。研究中国古代史，任何情况下，也不能抛弃《史记》的记载而不顾：一来，司马迁，他比我们早生两千多年，接近上古；二来，他是有眼光而谨严的史学家。以此关于黄帝与姬周的发祥问题需作进一步推敲。

先论姬水，徐旭生先生说不知其所在。我也曾到周原作过调查，无论文献或考古，在当地都没有姬水的名称，但姬水必定是周原一水，因姜水在，与之相伴的姬水就不会失踪。现在《诗经》之《大雅》与《周颂》，是西周时代对先人及当时的歌颂与怀念，虽有神话夹杂其间，那是传统的史诗，有夸张而无编造，我们可以从中觅得姬水踪迹。《诗·大雅·緜》有：

緜緜瓜瓞，民之初生，自土沮漆。古公亶父，陶复陶穴，未有家室。

古公亶父，来朝走马，率西水浒，至于岐下。爰及姜女，聿来胥宇。

周原膴膴，堇荼如饴。爰始爰谋，爰契我龟。曰止曰时，筑室于兹。

又《诗·周颂·潜》：

猗与漆沮，潜有多鱼，有鳣有鲔，鲦鲿鰋鲤。以享以祀，以介景福。

此外在《小雅·吉日》中也有“漆沮之从，天子之所”。《大雅》《周颂》都是西周诗歌，从《大雅·緜》中可以看出，周人最初，土居沮漆，自公亶父开始，自西沿水浒而至岐下。他们长期没有离开这条水，这条水养育了他们。所以《周颂·潜》说：“猗与漆沮，潜有多鱼”！美哉漆水而多鱼。《小雅》则进一步说“漆沮之从，天子之所”，这是定鼎的地方，真正是周人的发祥所在。我们以为漆沮水即姬水，漆、姬古韵部虽远，但声纽接近，姬属见纽，漆属溪纽，可以通假。“漆沮”实即姬之缓言，急读为姬周人姬姓，沿漆沮为生，即以漆沮为“本生水”，漆沮水即姬水无疑。

关于漆沮所在，历来有许多考证。《毛诗正义》云：“禹贡雍州云‘漆沮既从’，是漆、沮俱为水也。或言漆、沮为二水名。”《汉书·地理志》云：“右扶风有漆县，云漆水在其县西，则漆是一水名，与沮别矣。”而汉末许慎之《说文解字》漆字云：“漆水出右扶风杜陵岐山，东入渭。”段玉裁注：“杜陵当作杜阳，杜阳，今陕西凤翔府麟游县是其地。周公刘居豳，今陕西邠州是其地。汉之漆、栒邑二县也。太公迁郊，今凤翔府岐山、扶风二县是其地。汉之杜阳南，美阳北也。《大雅》曰‘民之初生，自土漆沮’。《传》曰‘漆，漆水；沮，沮水也’。又曰‘周原漆沮之间也’。《周颂·潜传》又曰‘漆、沮岐州之二水也’。据毛说则漆沮二水实为岐周之地。《小雅·吉日传》但云‘漆沮二水，麀鹿所生’。其解必同《大雅》《周颂》。许云‘漆水出杜阳’，正岐周地也……玉裁谓《水经》曰‘漆水出扶风杜阳县俞山，东北入于渭’，正与《说文》合，惟‘岐’作‘俞’耳。郦氏引《开山图》曰‘岐山在杜阳北长安西，有渠谓之漆渠。漆渠合岐水与横水合，东注雍水，又合杜水，南注于渭’。郭璞《山海经》云‘今漆水出岐山’，皆与《水经》合。”以上段氏遍引有关漆水著作，详明周密。今人王献唐先生在《炎黄氏族文化考》第五章附录中引《武功县志》云“古斄城在县南入里漆村东”，又云“县东门外有漆水，自豳岐之间东去”。斄即邰。颜注《地理志》以为斄、邰古音同。刘师培亦有相同意见。漆水在邰，而邰是姬周发祥地，则漆亦即姬，可无疑义。否则不可有漆水，亦无姬水。现谭其骧先生主绘的《中国历史地图集》第一册《西周时期中心区域图》有漆沮水，发源于麟游县西偏之杜林，在今武功入渭，与过去说法相合。我们结合徐旭生先生所云“可以推断黄帝氏族的发祥地大约在今陕西的北部，它与发祥陕西西部偏南的炎帝氏族居住地相距并不很远”的论断，而稍加改动：把黄帝氏族改为姬周，陕西北部改作西北部，就更合乎史实了。

我们所以要作这些改动，因为姬周虽然出自黄帝氏族，但时代遥远，中隔夏、殷，其中迁徙频繁，有许多问题，须待澄清。上面说过，黄帝氏族活动中心在今北京附近，不能因姬氏在陕，黄帝亦随之西北移。而且以黄帝为华夏祖，华夏亦不能仅以姬周为主。徐先生在论述华夏集团时，只是把黄帝与姬周氏族联系起来，关于夏则另立章节，从洪水说起，说到大禹治水，以及其他发现与发明，但没有说明夏与华夏集团关系之所在，夏与黄帝，夏姒与姬周以至夏与姜氏的关系都未涉及，以致找不到他们之间关系的纽带，而强把他们说成一个集团，未免有突然之感，没有说服力。其实通过图腾崇拜，已经可以说明黄帝、夏周之间的氏族关系，况且周自称继夏。图腾是他们的族徽，少康中兴后，所谓“祀夏配天，不失旧物”之物即族徽，族有族徽，一如现在之国旗，是不容紊乱的。《国语·周语》有：

昔武王伐殷，岁在鹑火，月在天驷，日在析木之津，辰在斗柄，星在天鼋。星与日辰之位皆在北维，颛顼之所建也，帝喾受之。我姬氏出自天鼋，及析木者有建星及牵牛焉，则我皇妣大姜之侄，伯陵之后，逄公之所凭神也。

上面两及“天鼋”，“天鼋”在周金文中多见，郭沫若先生隶定为“天鼋”，他说：“‘天鼋’二字……器铭多见，旧释为子孙，余谓是天鼋即轩辕也。《周语》下‘我姬氏出自天鼋，犹言出自黄帝。十二岁之单于，即十二次之天鼋’。”（《两周金文辞大系图录考释》第31页）这是卓识，出自天鼋即出自轩辕，而轩辕即黄帝，也就是姬氏出自黄帝。“单于”即“天鼋”之音转，实为一。

“天鼋”即氏族的图腾崇拜，亦即夏周氏族之崇拜龟、蛇，以之为图腾。曾有古文字学家如唐兰先生不同意郭解，释“天鼋”为“大黾”，而黾为蛙，非龟、蛇也。其实，古人造字，象形亦非写生，就字形及字义说，字实鼋而非蛙，我曾有详考，今不具论。龟、蛇在水，被视为神物，故夏族于水患频仍时崇拜之以为族徽，而夏鲧、夏禹，就名字，就传说，他们都是龟、蛇化身，而姒字亦蛇形也。我们以为夏族以天鼋为族徽，姜氏亦曾有此崇拜。韦昭注《国语·周语》之“我姬氏出自天鼋，及析木者有建星及牵牛焉，则我皇妣大姜之侄，伯陵之后，逄公之所凭神也”时说：

> 伯陵大姜之祖有逢伯陵也。逢公，伯陵之后，大姜之姪，殷之诸侯，封于齐地，齐地属天鼋，死而配食，为其神主，故曰凭，凭依也，言天鼋乃皇妣家之所凭依也。

这段注解符合史实。姜姓，伯陵之后，殷之诸侯，而以天鼋为神主，亦崇拜天鼋，当为姬、姜两姓合为周族合之史实。姜氏出自四岳，本有自己之族徽，这种族徽与姬氏天鼋融合后，更有巧妙的联合，我们将叙及。

轩辕即天鼋，上面已谈到，亦即玄鼋，玄鼋与轩辕，音更近，更可以说明问题。《国语·郑语》有云：

> 训语有之曰：夏之衰也，褒人之神化为二龙以同于王庭，而言曰“余褒之二君也”。夏后卜杀之与去之与止之，莫吉。卜请其漦而藏之吉。乃布币焉，而策告之。龙亡而漦在，椟而藏之，传郊之，及殷周莫之发也，及厉王之末发而观之。漦流于庭不可除也，王使妇人不帏而噪之，化为玄鼋以入于王府。府之童妾未既龀而遭之，既笄而孕。当宣王时而生，不夫而育，故惧而弃之。为弧服者方戮在路，夫妇哀其夜号也，而取之以逸逃于褒。褒人褒姁有狱而以为入于王，王遂置

之，而嬖是女也，使至于为后而生伯服。

以上叙褒姒之来历，褒姒姓以龙、蛇为图腾，故云“褒人之神，化为二龙”，而龙漦化为玄鼋。“玄鼋”韦注以为“象龙蛇者”，是知玄鼋即天鼋之别称，古音本同。《史记·周本纪》此一故事即本《国语·郑语》，有云：“宣王之时，童女谣曰：‘檿弧箕服，实亡周国。’于是宣王闻之，有夫妇卖是器者，宣王使执而戮之。逃于道而见乡者后宫童妾所弃妖子，出于路者，闻其夜啼，哀而收之。夫妇遂亡奔于褒。……弃女子出于褒，是为褒姒……生子伯服。竟废申后及太子，以褒姒为后，伯服为太子。……又废申后去太子也，申侯怒，与缯、西夷、犬戎攻幽王。”幽王之乱由褒姒而涉及申、缯、西夷、犬戎。申，姜姓四岳后；缯，姒姓，夏后，可以说明姜氏与姒氏结盟而反周。在夏朝，姜、姒似已结合，此于中国古代文献中可以得到证明。

夏为姒姓，姒字原作“”，本象盘蛇，亦图腾标志。而鲧、禹名字亦与龙蛇有关，天鼋之作为黄帝称号（轩辕），说明黄帝与夏之密切关系。天鼋多见于古代铜器中，而无道玄鼋者，其实在古金文中多见。容庚先生的《金文编》中有下列各字：

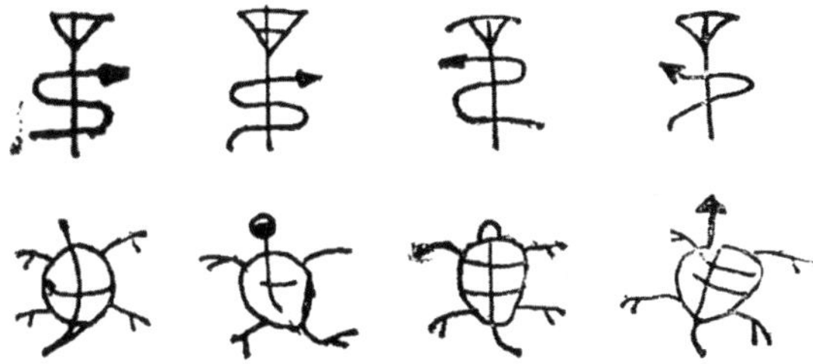

爵文

鼎文

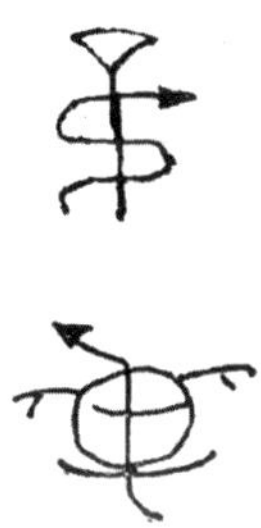

戈文

作父丙簋

以上诸字，历来无解，故容庚先生列入图形文字中，言不解也，无法隶定。其实下一字与天黿之黿字铭文相同而有尾，正象龟短足而有尾。黿字有解，而上一字即“玄”字，实象龙蛇盘柱，或即华表，乃用以悬“物”者，所谓“祀夏配天不失旧物”，物即族徽，一如后来之旗帜。“玄”为象形字，用作族徽，未免夸张，故作

等形，甲骨文中玄作“”，金文作“”，而《说文》古文作“”,《玉篇》作“”，与上面图形字都有相似处，图形作盘旋状，而文字作环形，后来之解“玄”或“玄冥”者都与龙蛇有关。是知“玄鼋”本与“天鼋”并行，特后人不解图形之玄鼋，于是天鼋遂独行于世。

邹衡先生在《夏商周考古学论文集》中《论先周文化》时称:“天鼋器传世者多，作者曾收录100件左右，但有出土地点的仅成王时的……二器……出于陕西乾县。从时代来说，天鼋器也有属于先周时代的。……除此以外，还有天兽的族徽。这些兽类很难准确地判明其种属，只能依其形状分类如下……”邹先生共分为六类。此外，在洛阳传说有出土的天兽器群。虽然我们没法判断天兽的种属，但就其笨拙形象，加上文献记载，我们可以断定天兽是熊。鲧、禹都有化为黄熊的记载，而黄帝亦号有熊氏。有熊、天鼋（轩辕）都是族徽，但两者不同，这需要进一步解释。《楚辞·天问》:

焉有虬龙，负熊以游。

龙而负熊游，这象征着两种族徽之结合，族徽之结合反映了两氏族之融合，姬姒以龙、蛇为族徽，我们以为天兽（熊）族徽属于姜氏，姜氏出自四岳，四岳为大山，为野兽出没之地，故姜氏以熊为族徽。洛阳逼近四岳，故有出土天兽之传说。龙负熊游与黄帝、鲧、禹之与熊紧密相关，说明姬姒与姜氏之结合，而夏族之源于炎黄，处处合符。

夏与虞殷结合，成为华夏集团，因为周属于夏族体系，故华夏又以诸夏为中心，但在孔子的思想中，从来不排斥夷狄。《论语·八佾》有孔子云：

> 夷狄之有君，不如诸夏之亡也。

朱熹注引程子曰："夷狄且有君长，不如诸夏之僭乱，反无上下之分也。"因春秋时各国都有僭乱行为，君不君，臣不臣，而夷狄且有君。程朱之言，盖深得孔子之旨。又《论语·子罕》有：

> 子欲居九夷，或曰：陋，如之何！子曰：君子居之，何陋之有？

朱熹注："君子所居则化，何陋之有？"夷狄而可以化，是夷狄可以进为华夏；相反，华夏僭乱，亦可以退为夷狄。华夏、夷狄是可变的实体，这"可变"的概念，为后来公羊之"三世说"建立下良好基础。夷狄、华夏都具有可变因素，因此在后来儒家思想中，尤其是公羊学派，夷狄、华夏等概念，具有极为丰富的内容，由民族的实体升华为可变的概念，因而为后来的大一统思想创造了广阔的前景，为中国人民增添了无比的凝集力量。

夷夏可变，但不变的夷狄仍然是不文明的象征，所以在孔门讨论桓公与管仲之功过时：

> 子曰：晋文公谲而不正，齐桓公正而不谲。
>
> 子路曰：桓公杀公子纠，召忽死之，管仲不死。曰：未仁乎？
>
> 子曰：桓公九合诸侯，不以兵车，管仲之力也，如其仁，如其仁。
>
> 子贡曰：管仲非仁者与？桓公杀公子纠，不能死，又相之！
>
> 子曰：管仲相桓公，霸诸侯，一匡天下，民到于今受其赐，微管仲吾其被发左衽矣，岂若匹夫匹妇之为谅也，自经于沟渎而莫之知也。（《论语·宪问》）

孔子对齐桓公评价颇高，而管仲相桓公“霸诸侯，一匡天下，民到于今受其赐，微管仲吾其被发左衽矣”。一匡天下，即匡天下于一统，一统于周，亦即一统于华夏，于是而免于被发左衽，是以“被发左衽”为不文明的象征。但春秋时代，王纲已坠实不一统，所谓“南夷与北狄交，中国之不绝若线”者，《公羊》僖公四年，桓公之霸亦所谓“实不一统而文一统”者，但文一统究胜于无，后来并此亦不可得，于是孟子、荀子之有关华夏、夷狄之观念与孔子不同。因此我们认为，孔子虽然反对夷狄，但“夷狄”的概念是可变的，君子而可以居于九夷，“夷狄之有君，不如诸夏之亡也”。都是积极有益于中国之大一统的。但历史是发展的，过去的时间只能是“记忆”，战国时代，局势已变，旧日的夷狄已成华夏，而新夷狄生，一统于周的局面不复存在，周天子已沦为附庸，而旧附庸都成大国，一统于谁，尚待分晓，但在新的夷狄交侵时代，孟子、荀子在一统问题上遂有新的起点。

在思想体系上孟子、荀子都发挥了孔子之一体，孟子谈仁而荀子重礼，但在政治思想上他们对管仲评价不同于孔子。当孟子与公孙丑评价管仲的时候：

> 公孙丑问曰：夫子当路于齐，管仲晏子之功，可复许乎？
>
> 孟子曰：子诚齐人也，知管仲晏子而已矣。或问乎曾西曰：吾子与子路孰贤？曾子蹴然曰：吾先子之所畏也。曰：然则吾子与管仲孰贤？曾子艴然不悦曰：尔何曾比予于管仲。管仲得君如

彼其专也，行乎国政如彼其久也，功烈如彼其卑也，尔何曾比予于是。曰：管仲、曾西之所不为也，而子为我愿之乎？

曰：管仲以其君霸，晏子以其君显，管仲、晏子犹不足为与？

曰：以齐王犹反手也。（《孟子·公孙丑》上）

战国时代已不同于春秋，春秋时代，齐桓尚可以尊王攘夷相号召，霸天下虽实非一统，尚可以文为一统。战国，周天子沦为附庸，王无可尊，而夷已为夏，当时需要新王而非周天子，诸侯不求霸而求王，所以孟子也说“以齐王犹反手也”。齐可以王，晋可以王，楚、吴、越亦可以王，而不必王于周。这是新的一统，但谈何容易，公孙丑也有疑问说：

若是则弟子之惑滋甚，且以文王之德，百年而后崩，犹未洽于天下；武王、周公继之，然后大行。今言王若易然，则文王不足法与？

曰：文王何可当也，由汤至于武丁，贤圣之君六七作，天下归殷久矣，久则难变也。武丁朝诸侯有天下，犹运之掌也。纣之去武丁未久也，其故家遗俗，流风善政，犹有存者；又有微子、微仲、王子比干、箕子、胶鬲皆贤人也，相与辅相之，故久而后失之也。尺地莫非其有也，一民莫非其臣也，然而文王犹方百里起，是以难也。齐人有言曰：虽有智慧，不如乘势；虽有镃基，不如待时。今时则易然也。夏后殷周之盛，地未有过千里者也，而齐有其地矣；鸡鸣狗吠相闻，而达乎四境，而齐有其民矣；地不改辟矣，民不改聚矣，行仁政而王莫之能御也。且王者之不作，未有疏于此时者也；民之憔悴于虐政，未有甚于此时者也。饥者易为食，渴者易为饮。孔子曰："德之流行，速于置邮而传命。"当今之时，万乘之国，行仁政，民之悦之，犹解倒悬也。故事半古之人，功必倍之，惟此时为然。（《孟子·公孙丑》上）

孟子志在新王，夏、殷都已过去，周亦过去，所以说"王者之不作，未有疏于此时者也；民之憔悴于虐政，未有甚于此时者也。饥者易为食，渴者易为饮……当今之时，万乘之国，行仁政，民之悦之，犹解倒悬也"。霸者只是维系王纲于不坠，貌为一统，实不一统，时至战国，王纲已坠，而民在倒悬，人民之望新王犹大旱之望云霓，所以王者易作，而孟子跃跃欲试，故云"以齐王犹反手也"。孟子求王而不许霸，孔子尚望周之复兴，故云“如有用我者，吾其为东周乎”！周不可东而求霸，故重齐桓而仁管仲。孟子之时，霸已无所作为，一不能尊王，二不能攘狄。旧王式微，旧夷已夏，而新夷非先王之道，距华夏尚远，所以孟子说：

> 吾闻用夏变夷者，未闻变于夷者也。陈良楚产也，悦周公仲尼之道，北学于中国。北方之学者未能或之先也，彼所谓豪杰之士也，子之兄弟事之数十年，师死而遂倍之。……今也南蛮鴃舌之人，非先王之道，子倍子之师而学之，亦异于曾子矣。吾闻出于幽谷，迁于乔木者，未闻下乔木而入于幽谷者。鲁颂曰：“戎狄是膺，荆舒是惩。”周公方且膺之，子是之学，亦为不善变矣。

从此看出孟子对于所谓“戎狄”的态度，不同于孔子，虽然他也说“吾闻用夏变夷者，未闻变于夷者也”。其实在孔子的思想中以及在后来的公羊学派中，夷夏是可以互变的，夷狄可以进为中国，中国可以退为夷狄。夷夏是可变的实体，不是不变的顽石。孟子之“用夏变夷”仍是居高临下之施教，相反，夏不能变为夷，夏高于夷，周公攘夷，但孟子不与齐桓之霸业。霸业倡尊王攘夷，王即周天子，而战国时代，周天子实不存在，孟子意在新王，诸侯行仁政者可以当新王，因此孟子薄齐桓而轻管仲。荀子后于孟子，天下重新一统的趋势明朗，天下一统的要求更加强烈，荀子说：

> 古者天子千官，诸侯百官。以是千官也，令行于诸夏之国谓之王；以是百官也，令行于境内，国虽不安，不至于废易遂亡，谓之君。(《荀子·正论》)

"令行于诸夏之国谓之王"，即王天下，此天下以诸侯为主，而四裔各族因文化形态不同，而有不同之服制。故战国时代有所谓五服制度。五服、五等爵及天下六官制，都为战国时代根据不同时期、不同地区的各种制度而典型化，统一化的政治、经济以及礼乐制度，制成法典，是为《三礼》，即《周礼》、《仪礼》及《礼记》中之若干篇。《荀子·正论》又云：

> 世俗之为说者曰：汤武不能禁令。是何也？曰：楚越不受制。是不然，汤武者，至天下之善禁令者也。汤居亳，武王居鄗，皆百里之地也，天下为一，诸侯为臣，通达之属，莫不振动从服以化顺之，曷为楚越独不受制也。彼王者之制

也，视形势而制械用，称远迩而等贡献，岂必齐哉！……土地刑制不同者，械用备饰不可不异也。故诸夏之国，同服同仪，蛮夷戎狄之国，同服不同制。封内甸服，封外侯服，侯卫宾服，蛮夷要服，戎狄荒服。甸服者祭，侯服者祀，宾服者享，要服者贡，荒服者终王。日祭月祀，时享岁贡，终王，夫是之谓视形势而制械用，称远近而等贡献，是王者之至也。彼楚越者，且时享岁贡终王之属也，必齐之日祭月祀之属，然后曰受制邪，是规磨之说也。沟中之瘠也，则未足与及王者之制也。(《荀子·正论》)

这是因形制不同，远近各异，而有不同的服制。在宗周时代，在现存文献中，无完整之五服制，但周天子对于诸侯国，因远近亲疏而有不同的要求，则有明证，管仲之责楚包茅，是楚与周之关系不同于鲁晋。服制是存在的，一如爵位之存在，但未如后来之整齐规划。荀子之“天下为一”是大一统，但大一统内并不等齐，荒服、要服不同于日祭月祀。荀子未能使荒服、要服与日祭月祀者互相变易，与后来公羊之大一统比，未达一间，但犹胜于孟子之排斥夷狄者。公羊学派盖由此发展并采纳孔子之夷夏之可变说，大一统理论遂至完善无尤的境界。

一统天下的理想制度
——兼论宗周之礼乐文明

孔子曾经说:“郁郁乎文哉，吾从周。”(《论语·八佾》)盖自夏殷以来之传统文化至宗周而发扬光大，以为礼乐文明之典范。到春秋时代，孔子还要东方各国发扬这种文明，他曾经说:“如有用我者，吾其为东周乎?”(《论语·阳货》)孔子不是师古而是法今。司马迁是理解孔子的，他在《史记·孔子世家》中指出,“孔子之时，周室微而礼乐废，诗书缺。追迹三代之礼，序书传，上纪唐虞之际，下至秦穆，编次其事。曰:夏礼吾能言之，杞不足征也;殷礼吾能言之，宋不足征也;足则吾能征之矣。观殷夏所损益曰:后虽百世可知也，以一文一质，周监二代，郁郁乎文哉，吾从周。故书传礼记自孔氏。孔子语鲁太师:乐其可知也，始作翕如，纵之纯如，皦如、绎如也，以成。吾自卫返鲁，然后乐正,《雅颂》各得其所。古者诗三千余篇，及至孔子，去其重，取可施于礼义，上采契、后稷，中述殷周之盛，至幽厉之缺，始于衽席。故曰:《关雎》之乱，以为《风》始;《鹿鸣》为《小雅》始;《文王》为《大雅》始;《清庙》为《颂》始。三百五篇，孔子皆弦歌之，以求合韶、武、雅、颂之音，礼乐自此可得而述，以备王道成六艺。孔子晚而喜《易》，序《彖》《系》《象》《说卦》《文言》。读《易》韦编三绝，曰:‘假我数年，若是，我于《易》则彬彬矣。’孔子以《诗》《书》《礼》《乐》教，弟子盖三千焉，身通六艺者七十有二人”。这一段正好是《论语》“子所雅言，诗书执礼，皆雅言也”(《述而》)的疏证。《书》是中国古代史，虞夏商周四代的典章制度、礼乐文明，俱备于此，所以说，“追迹三代之礼，序《书传》，上纪唐虞之际，下至秦穆”。次及《乐》，其次言《易》，孔子深于《易》，儒家遂有《十翼》，孔子以“诗书礼乐教，以六经传六艺”，遂构成两千年来中国封建社会礼乐文明的核心，而儒家乃以学术宗派代替了宗教的职能。《诗》《书》《礼》《乐》对于孔子来说都是“故”，“故”即“古”，在春秋时代，“中国”代表了天下，是最先进地区，学术来源，除实践外，来自古昔虞夏商周，故孔子求学之道是“温故而知新”，损益传统文明而发扬光大，这“故”或“古”主要是宗周时代的礼乐文明，所以孔子说“郁郁乎文哉，吾从周”。

宗周承袭过去而创造了自己的灿烂文明，在这种文明的创造过程中，永远不能忘掉周公，周公、孔子都是创造中国文明的不祧祖先。《左传》文公十八年有云：

> 先君周公制周礼，曰：“则以观德，德以处事，事以度功，功以食民。”

“先君周公制周礼”是有关周公制礼的最早记载，事情出自季文子之口，他是鲁国世家子，鲁为周公及伯禽封国，且春秋文公时去西周不远，而周礼在鲁，这种记载是可信的。礼的内容广泛，包括当时的典章制度，礼乐文明。《礼记·明堂位》也说，“武王崩，成王幼弱，周公践天子之位以治天下。六年朝诸侯于明堂，制礼作乐，颁度量而天下大服”。更明确地提出周公曾“制礼作乐”。“礼”不止今传《三礼》，《三礼》为《周礼》、《仪礼》及《礼记》。《周礼》一名《周官》，相传为周公“所建官政之法”，而《仪礼》相传《经》出周公，《礼记》则出于孔子及后学。《礼记》内容庞杂，体系非一，盖出自孔门各派之手，用以发挥孔门学说及礼之蕴藉者。《三礼》内容丰富，而问题实多，是两千年来，经学史上争论未决的问题，也是经师儒家潜心研究的中心问题，盖“礼”为封建社会道德伦理寄托所在，无“礼”是为“无德”或“无理”。

通论中国古代之发展，虞夏以来，至于春秋，与当时经济要区相结合之文化要区，约略言之如下。

1. 齐鲁区：《左传》有“周礼在鲁”的记载（昭公二年），其实周礼亦在齐，今传《周礼》出于齐，《管子》一书实多周礼。

2. 秦晋区：秦为炎黄活动地区，亦为姬周氏族之发源地，而晋为夏区，文化传统源远流长。

3. 吴越区：吴为周后，越为夏裔，至春秋时代观子吴公子季札之如鲁观乐，堂哉皇哉，固深于礼乐者。

4. 楚与二南区：二南乃周召之移民，即所谓“汉阳诸姬”及四岳后，而楚之文化渊源所自或与四岳有关,《吕刑》内容与楚之礼俗息息相关。

5. 中原郑卫区：平王东迁，晋郑是依，晋为大国，春秋初年郑亦强梁，东周固宗周礼乐之继承者，而郑卫之乐亦新声也。

我们说是“要区”，是说主要由它们构成西周以来的华夏文明，这种文明实为儒家思想中之典型的“一统制度”。“一统”必有归宿，统一于夏，或统一于夷？要统一于夏，诸夏即中国，中国即华夏，在大一统思想体系中，遂冲破夷、夏界限，而夷可以变夏，夏可以变夷。统一于夏，即统一于夏的礼乐文明，这种文明即以周礼为指归，因为孔子曾经说过“郁郁乎文哉，吾从周”，宗周礼乐文明虽不限于《周礼》及《仪礼》，但《仪礼》实多为宗周之礼制条文，而《周礼》一书乃根据先秦礼制而加以扩张，亦即根据一统规模之理想而制造，它不完全是实录，是根据实录而理想化的著作。

就《周礼》中记载的经济基础——井田制说，这是春秋以前部分地区的实录。其中关于井田有四处记载，就性质论，可以分作两类:《大司徒》和《遂人》一类，是记载授田数目;《小司徒》和《大司马》一类，是记载每家可供力役的人。据《大司徒》，地有不易、一易和再易的区别。

据《遂人》，地有上、中、下和莱的差异。而《大司徒》开头就说"凡造都鄙"，可知是指都鄙田制，"都鄙"即贵族的采邑。《遂人》所载是六遂制度；六遂、六乡，据《小司徒》郑玄注，其制相同，都是附郭郊区。《小司徒》有"上地家七人，可任也者家三人；中地家六人，可任也者二家五人；下地家五人，可任也者家二人"。又《大司马》说，"上地食者参之二，其民可用者家三人；中地食者半，其民可用者二家五人；下地食者参之一，其民可用者家二人"。郑注《小司徒》云："一家男女七人以上，则授之以上地，可养者众也。男女五人以下，则授之以下地，所养者寡也。正以七人六人五人为率者，有夫有妇，然后为家。……可任，谓丁强任力役之事者，出老者一人，其余男女强弱相半，其大数。"是一夫受田，"余夫丁壮者不受田亦供力役"，但《遂人》云："上地夫一廛，田百亩，莱五十亩，余夫亦如之。中地夫一廛，田百亩，莱百亩，余夫亦如之。下地夫一廛，田百亩，莱二百亩，余夫亦如之。"余夫亦受田，上、下地之别，在于受田者得莱之亩数，而非如《小司徒》所云上地家七人，中地家六人，下地家五人。在宗法社会，一夫受田，尚有余夫，所谓七人、六人、五人中除老者及妇女外有余夫，不受田而任力役，将无生活来源，故《小司徒》与《大司马》之记载当有别解。盖当时田制，田野有别，郑注《周礼·小司徒》之"乃经土地，而井牧其田野……”云，“此谓造都鄙也，采地制井田异于乡遂”。采地以九夫为井，“夫”为依附农或农奴；乡遂十夫为井，“夫”为士。在战争中农民为徒卒而士为甲士，士为余夫可任公职，而农民余夫亦受田为依附农民。惠士奇《礼说》以为：“民之无事者为闲民，公族之无事者为游倅。等闲也而贵贱分，故公族之无事者，诸子掌之，国征弗及。而民之无事者，入卫于宫，则宫伯有徒役之事；出耕于野，则载师有夫家之征。夫家犹徒役也。……槁人职外内朝有冗事，即宫中之人民，而谓之冗事者，许氏《说文》云，‘人在屋下无田事’。然则冗食即闲民也，康成谓留治文书，若今尚书之属，诸直上者。则凡外内朝之散吏趣走给召呼之属，亦皆闲民为之矣。此民无家事而服公事者，乡大夫舍而弗征，则载师亦不得而征之也。”清初惠士奇一汉学名家而能有阶级区划，世间罕有。“等闲也而贵贱分”。公族之游倅，诸子掌之，国征弗及而留治文书，若汉之尚书。而农之无事者则入卫于宫，出耕于野，盖井田余夫虽受田仍有闲民之游离出井。

其实乡遂闲民亦受田，惠士奇《礼说》云：“康成谓‘六遂之民，奇受一廛’，疏云，余夫奇别更受廛，备后离居之法。然则闲粟者余夫受一廛之粟也。《鲁语》：‘籍田以力而底其远近，赋里以入，而量其有无；任力以夫，而议其老幼。’籍谓锄，夫谓屋，里谓廛。赋入以里，谓税人以廛，廛谓之户。赵简子使尹铎为晋阳尹，铎损其户数。盖损其户则民优而税少，是古者税以廛也。一说地有上壤、闲壤、下壤。管子相壤定籍，其法本《周官》。上壤者上地不易之田百亩，是为正夫，故曰锄粟。下壤者下地再易之田三百亩，是为三夫，故曰屋粟。闲壤者中地一易之田二百亩，在上下之间，故壤曰闲壤，粟曰闲粟。乡遂分上中下授田，故旅师亦分上中下敛粟。管子以此法行之齐，故能报贫补不足，下乐上而民不移。旅师以地之媺恶为之等者盖如此。土均平政亦以地媺恶为轻重之法而行焉。盖土有三壤，税有三粟，力有三科。”闲壤亦名闲田，《管子》曰：“高田十石，闲田五石，庸田三百；其余皆属诸荒田。”惠士奇在《礼说》中多以《管子》证《周礼》，结论谓管子本《周官》，其实此种制度本齐固有，管子而承其制以调正之，《周官》作者遂整齐成书，非管子法《周官》，乃战国时齐人学者本齐制以成《周官》。此议，今人多知之。

在政治制度方面，《管子》与《周礼》亦多相同或相似处。《周礼》中的周王不同于春秋以后的周天子，实在等于“告朔之饩羊”，对当时各诸侯国不特没有制裁的大权，而且被强大的诸侯所制裁，战国时之周王更沦为三等以下小诸侯。《周礼》则要建立起强大的统一的王朝，虽然在九服内分布着许多大小诸侯，然而这些诸侯已在周王统辖下，他们不是独立的国家，一切生杀予夺的大权都操在周王的手内，《天官·大宰》说：

以八柄诏王驭群臣，一曰爵，以驭其贵；二曰禄，以驭其富；三曰予，以驭其幸；四曰置，以驭其行；五曰生，以驭其福；六曰夺，以驭其贫；七曰废，以驭其罪；八曰诛，以驭其过。

此所谓“驭群臣”，不仅指王朝群臣，诸侯及诸侯国卿大夫也包括在内。所谓五等诸侯，公、侯、伯、子、男，是春秋时代根据当时情况而整齐化了的结果，整齐的结果使职变为爵，而侯、甸、男、采、卫变为公、侯、伯、子、男。在《周礼》中周王有授爵封侯大权，也有剥夺与诛杀的大权。“八柄”归纳起来就是刑、赏二柄,《韩非子》的《二柄》说,“令人主非使赏罚之威利出于己也，听其臣而行其赏罚，则一国之人皆畏其臣而易其君，归其臣而去其君矣”。此之谓“太阿倒置”。《周礼》八柄即韩非《二柄》的前身，而《管子·小匡》有《六秉》，同于二柄与八柄,《小匡》云：

管子曰:“昔者圣王之治其民也，谨用其六秉，如是而民情可得，而百姓可御。”桓公曰:“六秉者何也?”管子曰:“杀、生、贵、贱、贫、富，此六秉也。”

《国语·齐语》有这段，作“六柄”。从管子以后一直到李斯，都有这种主张，他们主张中央集权，因而这是一统的国家，因此它不容许有许多独立的侯国存在，这是后来大一统思想的来源，它反映了井田制崩溃后，地主阶级出现，强大的诸侯国逐渐消失，这当然和旧的领主阶级愿望相矛盾。在楚汉相持的时候，项羽是领主的代表，而刘邦却代表了新兴的地主阶级。结果新的战胜旧的，汉一统后至武帝而有大一统的要求，董仲舒出现，公羊派随之抬头。

《周礼》的著者在经济基础上虽然维持着井田公社制，上层自然是诸侯领主制。这是他根据西周以来的井田制加上宗周至春秋时代的诸侯领主制。这种制度不可能有真正的一统，因为诸侯经济独立、政治独立，周王地位与诸侯等耳，不可能有真正的一统。但《周礼》著者的思想却反映了时代的要求，我们以为《周礼》出于儒家左翼，即接近法家的一派，这派儒家多在齐国,《公羊》出于齐，荀子的思想近于法家也近于《公羊》，因此我们说“周礼在齐”。“周礼在鲁”，是儒家的正统派，以孟子为代表;“周礼在齐”，是新兴的儒家，有法家色彩，以荀子为代表,《公羊》为齐学,《周礼》亦为齐学。《周礼》提倡一统，而《公羊》主张大一统。“一统”需要一强有力的中央，中央君主掌握赏罚的大权，是谓“二柄”，或“六柄”“八柄”。在《周礼·秋官·司寇》中表现出一个严刑峻法的国家。我们从其中可以归纳出几个要点来，一、每年正月大司寇要颁刑法于天下，原文是："正月之告，始和，布刑于邦国都鄙，乃县刑象之法于象魏，使万民观刑象，挟日而敛之。""象魏"即宫门外左右有楼以悬刑象，挟日自甲至癸十日。这在古代不是一件平常的事，春秋晚年诸侯国开始公布刑法，第一次是公元前535年郑子产铸刑书，第二次是公元前513年晋赵鞅铸刑鼎，都曾引起当时名人的反对，《周礼》却公开刑法，用以巩固一统国家的社会秩序。但在大一统的思想体系中却不如此，《公羊》虽属齐学不尚兵刑而尚文教，我们可以说《公羊》思想集齐鲁两派之大成，立大一统是齐学一统学说之发展，而尚文教是鲁学传统的礼乐文明。

宗周相传的礼乐文明在今传《仪礼》中还保留着许多。古代礼仪多源于民族间流行的风俗习惯，经过加工改造，以适应当时的社会需要，比如由原始社会礼仪之交易性质变作宗周之货物交易而带有浓厚的礼仪色彩，我们在"礼尚往来"中还可以找出它的来源。宗周初年，对于礼乐的改造工作可能是长期的集体的工作，而后人多推之于周公，因此谓《周礼》《仪礼》出自周公。个人著述事业，就现在我们能看到的材料说，春秋以前还不存在，虽然史官秉笔可以记录，但不能说是著作，若《三礼》之有体系的大著作，在宗周时代还没有这种体裁，也没有人有这种才能。为文而作系统著作，战国时大盛，《周礼》《仪礼》只能根据宗周的礼乐制度而系统化及理想化。《周礼》有理想化的部分，因为在宗周我们看不出整齐的六官制及五等爵封制，但《仪礼》中的许多条文，我们可以得到实证，而不是后人的理想。因此我们说《仪礼》为周公“制礼作乐”的结集著作，是说得通的，虽然这结集者不是周公，但《仪礼》内容却是自西周至春秋时代曾经实行过的条文。杭州的沈文倬教授曾有《略论礼典的实行和〈仪礼〉书本的撰作》一文，曾经作过这方面的探索。他曾经指出，在先秦典籍中涉及各种门类的礼典，和《仪礼》的记述绝大部分是一致的，凡在《仪礼》成书以前的记载，都属略述一个具体典礼的举行，在《仪礼》成书以后的记载，始援引其原文。先秦文献《诗》《书》记载多在《仪礼》成书前，都属略述一个具体礼典的举行，文字与礼书虽有差异，但内容仍然相符。《左传》《国语》中即有许多此类文字，即使《左传》出于后人手，其事则非虚构。沈先生并引曹元弼先生的话道：“考文《左氏》，卿大夫论述礼政，多在定公初年以前，自时厥后，六卿乱晋，吴越迭兴，而论礼精言，惟出孔氏弟子，此外罕闻。”沈文倬教授以为曹说深刻，说明鲁定公时社会性质开始变革，对礼典的举行，前后截然不同，可见《左传》《国语》所记，都是可信的。曹先生又曾说“按聘、食、觐礼，皆见《左传》而聘礼尤备”。(《礼经学》卷四)《左传》《国语》所记，主要是朝聘、飨礼，其次是丧礼、冠礼。

沈先生并叙述冠礼、丧礼、聘礼等之见于《左》《国》而与《仪礼》相符者。朝礼、飨礼已失，今十七篇中有觐礼而无朝礼。诸侯臣属于天子有朝觐之礼。春秋时天子微弱，诸侯不朝，朝觐礼废。但诸侯间，小国屈于大国，间用朝礼,《左传》定公十五年“春邾隐公来朝，子贡观焉。邾子执玉高，其容仰，公受玉卑，其容俯”。这些仪容动作的叙述，正是当时实行朝礼的证据。又十七篇中有食礼而无飨礼。飨礼是高级贵族款待低级贵族来见时的宴会，飨即享，西周时实行此礼，春秋时实行可疑。《左传》庄公十八年“春，虢公晋侯朝王，王飨醴，命之宥”。僖公二十五年，“四月戊午，晋侯朝王，王飨醴，命之宥”。又二十八年，“五月己酉，王享醴，命晋侯宥”。《晋语》“(襄)王飨醴，命公作侑”。《左传》宣公十六年：“冬，晋侯使士会平王室，定王享之，原襄公相礼，殽烝。武子私问其故。王闻之，召武子曰：‘王享有体荐，宴有折俎，公当享，卿当宴，王室之礼也。’”又僖公十二年：“王以上卿之礼飨管仲，管仲辞，受下卿之礼而还。”周惠王、襄王、定王都为诸侯或陪臣举行过飨礼。飨礼用兵,《左传》襄公四年，“穆叔如晋，晋侯享之，金奏肆夏之三，不拜；二歌文王之三，又不拜；歌鹿鸣之三，三拜”。穆叔所以不拜,《鲁语》比《左传》讲得明白，说：“夫先乐金奏肆夏樊、遏、渠，天子所以飨元侯也；夫歌文王、大明、绵，则两君相见之乐也。今伶箫咏歌及鹿鸣之三（即鹿鸣、四牡、皇皇者华）君之所以贶使臣，臣敢不拜贶。”是爵位，等级上不可差忒的缘故。对于飨食，《周语》记有定王的赞词：

择其柔嘉，选其馨香，洁其酒醴，品其百笾，修其簠簋，奉其牺象，出其樽彝，陈其鼎俎，净其巾幂，敬其祓除，体解节折而共饮食之。于是乎有折俎加豆，酬币宴货，以示容合好。

这阐发的典礼意义是明确的。至于《左传》僖公二十二年，“丁丑楚子入飨于郑，九献，庭实旅百，加笾豆六品”。《晋语》：“（晋文公）遂如楚，楚成王以周礼享之，九献，庭实旅百。”都在宾主等级关系上不合规程，但可借以知道王飨元侯是用九献、庭实旅百和加笾豆六品。

以上对比《左传》《国语》所述冠礼、丧礼、聘礼与《仪礼》相应，而朝礼、飨礼也获得充分根据，证明这些典礼在春秋时的现实生活中经常举行。沈先生的意见是正确的，宗周实行过的典礼，到春秋时仍然流行，无论《尚书》《逸周书》《毛诗》，或《左传》《国语》都可以证明；而最能证明典礼先于礼书而存在的事实莫过于孔门《论语》，孔子重礼，《论语》述礼不下四十余章，可以看出，当时礼书还没有制成，而由礼仪和礼物构成的典礼在普遍实行。

在沈文倬教授所叙述外，我们还补充一点，即有现在规模的《仪礼》一书，当时虽没有成书，但有关条文，即典礼条文，不能没有，否则实行无据，不能以意度之。典礼规格严，条例细，相礼者都是专业人员，都是根据典礼条文行事。比如《左传》鲁文公六年，“秋季文子将聘于晋，使求遭丧之礼以行”。如果无典例条文，季文子将何所求？礼文藏于官府，不在私人手内，故须求之以行。《仪礼》之成书，亦根据礼文，加以整齐而行于世。沈文倬先生曾经以先秦古籍证《仪礼》，说明它不可能出于后人伪造，我也作过相似工作，曾经举出几十条礼文，说明《仪礼》曾实行于西周及春秋时，虽然所举例证仅及《仪礼》三千之一小部，但通过《聘礼》之“聘遭丧，入竟则遂”之见于《左传》文公六年；季文子聘于晋使求遭丧之礼文，以及孔子及其弟子之为摈，都可以说明当时通行之礼文渊源有自。

《周礼》《仪礼》表现了宗周以来的礼乐文明，《礼记》内容比较庞杂，本身内容并不协调一致，盖合齐鲁诸儒之有关著作合编为一者，其中《礼运》一篇，经清末康有为以之与《公羊》三世学说相结合，其中之大同学说，遂为大一统思想之极致，《礼运》开头道：

> 昔者仲尼与于蜡宾，事毕出游于观之上，喟然

而叹。仲尼之叹，盖叹鲁也。言偃在侧曰：君子何叹？孔子曰：大道之行也，与三代之英，丘未之逮也，而有志焉。大道之行也，天下为公，选贤与能，讲信修睦，故人不独亲其亲，不独子其子，使老有所终，壮有所用，幼有所长，鳏寡孤独废疾者皆有所养，男有分，女有归。货恶其弃于地也，不必藏于己；力恶其不出于身也，不必为己。是故谋闭而不兴，盗窃乱贼而不作，故外户而不闭，是谓大同。

今大道既隐，天下为家。各亲其亲，各子其子，货力为己，大人世及以为礼。城郭沟池以为固，礼义以为纪。以正君臣，以笃父子，以睦兄弟，以和夫妇，以设制度，以立田里，以贤勇知，以功为己。故谋用是作，而兵由此起。禹汤文武成王周公，由此其选也，此六君子者未有不谨于礼者也。以著其义，以考其信，著有过，刑仁讲让，示民有常。如有不由此者，在执者去，众以为殃，是谓小康。

这是一篇千古不朽的杰作，自禹汤文武周公起为“小康”，这是中国阶级社会的开端，这是“天下为家，各亲其亲，各子其子，货力为己，大人世及以为礼。城郭沟池以为固，礼义以为纪。以正君臣，以笃父子，以睦兄弟，以和夫妇，以设制度，以立田里，以贤勇知，以功为己。故谋用是作，而兵由此起。禹汤文武成王周公，由此其选也”。无论从任何角度看，这是有关中国社会发展史的最佳论述，可贵之处，这是两千年前的论述。无论在文献记载上，考古发掘上，或者是民族学的比较研究上，我们都可以说明夏代是中国古代阶级社会开始的时代（或者上及有虞），而商是奴隶制社会，宗周是领主封建；因为虞夏商周是不同的民族系统，不必是前后相承的关系，也就是说，周代之领主封建不是由殷商奴隶制演变来的结果。在《礼运》中，在两千年前学者中已经确认夏、商、周是阶级社会，已经是礼乐文明时代，但这是“小康”，因为“天下为家，各亲其亲，各子其子，货力为己，大人世及以为礼”！它不能比于“大同”，那是“天下为公，选贤与能，讲信修睦……老有所终，壮有所用，幼有所长”。这是理想世界，在社会发展史上，这是“大道之行也”的阶段，“大道既隐”而有小康。“大道”即理想世界，这是无阶级社会，当属原始氏族社会，氏族社会虽无阶级而不文明，当然难称“大同”，所以他们的“大同”或者是“大道之行”是无阶级加上文明，是“大道复兴”，而不是“返祖”或者倒退。他们使“过去”变作“未来”，这时间上的颠倒，是儒家富于想象的结果。“过去”不可能是“未来”，但过去变作未来，是发展的历史观，不能说儒家是复古主义。这种思想构成公羊学派的主要思想内容，“三世”的理论以过去为“据乱”，现在为“小康”，将来为“大同”，都是在以时间代表历史，而历史是时间坐标，如今时间变成历史的坐标！

孔子虽然慨叹夏、商两代文献不足征，但究竟还是有文献可言，在《礼记》中关于虞夏以来的描述是：

> 鸾车有虞氏之路也，钩车夏后氏之路也，大路殷路也，乘路周路也。
>
> 有虞氏之旂，夏后氏之绥，殷之大白，周之大赤。
>
> 米廪有虞氏之庠也，序夏后氏之序也，瞽宗殷学也，泮宫周学也。
>
> 有虞氏祭首，夏后氏祭心，殷祭肝，周祭肺。
>
> 有虞氏官五十，夏后氏官百，殷二百，周三百。有虞氏之绥，夏后氏之绸练，殷之崇牙，周之璧翣。凡四代之服器官，鲁兼用之，是故鲁王礼也，天下传之久矣。君臣未尝相弑也，礼乐刑法政俗未尝相变也，天下以为有道之国，是故天下资礼乐焉。(《礼记·明堂位》)
>
> 祭法，有虞氏禘黄帝而郊喾，祖颛顼而宗尧。夏后氏亦禘黄帝而郊鲧，祖颛顼而宗禹。殷人禘

喾而郊冥，祖契而宗汤。周人禘喾而郊稷，祖文王而宗武王。(《礼记·祭法》)

昔者有虞氏贵德而尚齿，夏后氏贵爵而尚齿，殷人贵富而尚齿，周人贵亲而尚齿。虞夏商周天下之盛王也，未有遗年者，年之贵乎天下久矣，次乎事亲也。(《礼记·祭义》)

子曰：虞夏之道，寡怨于民；殷周之道，不胜其敝。子曰：虞夏之质，殷周之文至矣。虞夏之文，不胜其质；殷周之质，不胜其文。(《礼记·表记》)

在《礼记》中涉及古代帝王者绝不止此，但有具体文化事业可言者，仅此四代；有时说夏、商、周三代。这四代或三代的古代文明不是后人的编造或伪托，它出于史官或者是更早的神、巫，在史家史书以前，是神、巫传史的神代，也就是史诗的阶段："诗亡然后春秋作"，说明了史诗与史书的递嬗。以上所谓"虞夏之质，殷周之文"也就是文化之由初级到高级的发展。

四代或三代为中国阶级社会之小康阶段，结合到荀子的历史学说，"大同"是大儒之效，"小康"是雅儒之效。荀子的政治历史学说近于《公羊》，因之其俗儒、雅儒、大儒之说亦近于《公羊》三世说。在《荀子·儒效》篇中荀子反复说明“三儒”的区别，如：

彼大儒者虽隐于穷阎漏屋，无置锥之地，而王公不能与之争名……用百里之地而千里之国莫能与之争胜。笞棰暴国，齐一天下而莫能倾也，是大儒之征也。其言有类，其行有礼，其举事无悔，其持险应变曲当，与时迁徙，与世偃仰，千举万变，其道一也，是大儒之稽也。……通则一天下。穷则独立贵名。……仲尼子弓是也。故有俗人者，有俗儒者，有雅儒者，有大儒者。不学问，无正义，以富利为隆，是俗人者也。逢衣浅带，解果其冠，略法先王而足乱世术。缪学杂举，不知法后王而一制度，不知隆礼义而杀诗书，其衣良冠行伪，已同于世俗矣。……其言议谈说已无异于墨子矣。……是俗儒者也。法后王，一制度，隆礼义而杀诗书，其言行已有大法矣！然而明不能齐，法教之所不及，闻见之所未至，则知不能类也，知之曰知之，不知曰不知，内不自以诬，外不自以欺，以是尊贤畏法而不敢怠傲，是雅儒者也。法先王，统礼义，一制度，以浅持搏，以古持今，以一持万，苟仁义之类也，虽在鸟兽之中，若别白黑。倚物怪变，所未尝闻也，所未尝见也，卒然起一方，则举统类而应之，无所儗㤰，张法而度之，则晻然若合符节，是大儒者也。故人主用俗人则万乘之国亡，用俗儒则万乘之国存，用雅儒则万乘之国安，大儒则百里之地久，而后三年，天下为一，诸侯为臣。用万乘之国则举措而定，一朝而伯。

接着荀子叙述了这几种人物的区别，用不同人物导致不同的政治效果。用俗人俗儒的效果最差，雅儒近于法家，“法后王，一制度，隆礼义而杀诗书”。俗儒而如子思、孟轲，“略法先王而不知其统”。法先王本是荀子的理想，是“大儒之效”；在现实政治上他虽然主张“法后王”，这是不得已，因为后王之灿烂者也只能“小康”。法先王与略法先王是有严格区别的，子思、孟轲“略法先王而不知其统”，杨倞注，“言其大略虽法先王而不知体统”，“统”谓纪纲也。我们研究孟子的理想社会也只是“五亩之宅树之以桑，五十者可以衣帛矣。鸡豚狗彘之畜，无失其时……八口之家，可以无饥矣。谨庠序之教，申之以孝悌之义，颁白者不负戴于道路矣。七十者衣帛食肉，黎民不饥不寒，然而不王者，未之有也”。(《孟子·梁惠王》) 孟子所描绘的只是一个温饱的社会，尚不及“小康”，所以荀子批评他是“略法先王而不知其统”。法后王可以小康，法先王可以大同，而“略法先王”，尚不及雅儒之小康，只是俗儒之温饱社会而已。在政治思想上思孟一派之鲁儒不及公羊荀子一派之齐儒,《礼运》《公羊》之极致，固不仅小康而及大同。荀子谈大儒之效：

> 若夫总方略，齐言行，一统类而群天下之英杰，而告之以太古，教之以至顺；奥窔之间，簟席之上，敛然圣王之文章具焉，佛然平世之俗起焉。六说者不能入也，十二子者不能亲也。无置锥之地而王公不能与之争名，在一大夫之位，则一君不能独畜，一国不能独容，成名况乎诸侯，莫不愿以为臣。是圣人之不得势者也，仲尼子弓是也。(《荀子·非十二子》)

只是说大儒本人之声名所及而未及大儒之效的政治效果，在《儒效》篇中也只是说用“大儒则百里之地久，而后三年，天下为一，诸侯为臣。用万乘之国则举措而定，一朝而伯”。以“天下为一，诸侯为臣”和“一朝而伯”，说成是“大儒之效”，未免不广。禹汤文武都是小康，告之以“太古”的大儒之效，应是大同，但荀子也描绘不出大同世界的具体面貌来，虽然孟子的理想不过小康，荀子的一统天下也不是大同，这是一统，不是大一统，大一统应与大同结合，它是无阶级社会中的礼乐文明。在《公羊》中大一统的境界是“王者无外”，“王者无外”近乎墨子的兼爱。

荀子实在进退于先王、后王之间，先王之治固为大儒之理想，但他以为周公之所为亦大儒之效，“故以枝代主而非越也，以弟诛兄而非暴也，君臣易位而非不顺也。因天下之和，遂文武之业，明枝主之义，抑亦变化矣。天下厌然犹一也，非圣人莫之能焉，夫是之谓大儒之效”。(《儒效篇》) 以周公为一代大儒，但周公之治并不是理想的大儒之效。这是后王，后王之治只能小康。我们说过，荀子的政治理论近于公羊，由之儒之效而有三世之说。用《公羊》的三世说可以解决荀子思想中先王、后王，太古、现世说中之互相矛盾处。公羊三世说使《春秋》中鲁昭公、定公、哀公为所见世；文公、宣公、成公、襄公为所闻世；隐公、桓公、庄公、闵公、僖公为所传闻世。并以所见世为太平世，所闻世为升平世，所传闻世为衰乱世。是想象中的社会发展史观，但昭、定、哀时何曾太平，文、宣、成、襄亦非小康，隐、桓、庄、闵、僖亦非如后来之衰乱者，以空想做蓝图，以后世胜于先世来想望未来。在政治理论上，公羊之三世说遂取代荀子之三儒说而风行天下。

《礼记》除《礼运》外，在思想界发挥作用者尚推《大学》《中庸》，在几十年前钱玄同先生曾经说过“如《易》之《彖》《象》《系辞传》；如《小戴礼记》中之《礼运》《中庸》《大学》诸篇，如《春秋》之《公羊传》与《繁露》，如《周礼》，这都是极有价值的‘托古’著作。但不能因其价值，便说是姬旦、孔丘所作，也不能因其非姬旦、孔丘所作，便说是无价值”。（《古史辨》第一期答顾颉刚先生）钱先生的意见部分正确，但不能说这些书是“托古”著作，托之于古是后人的事，书本身并不负责。在春秋以前，中国无著作家，诸子出于王官，学在官府，史是世职，神—巫—史相传，也是由史诗到史书的过程。上述诸书都有其渊源所自，在学术思想上，《中庸》近于孟子，而《大学》近于荀子。《中庸》传尧、舜、禹之道，朱熹在《中庸章句序》中指出：“盖自上古圣神继天之极，而道统之传有自来矣。其见于经则‘允执厥中’者，尧之所以授舜也。‘人心惟危，道心惟微，惟精惟一，允执厥中’者，舜之所以授禹也。……夫尧、舜、禹，天下之大圣也……以天下之大圣行天下之大事……则天下之理，岂有以加于此哉。自是以来，圣圣相承。……子思惧夫愈久而愈失其真也……作为此书。……其曰天命率心则道心之谓也。”对于《大学》，则朱熹的《章句序》说，“古之大学，所以教人之法也”。盖《中庸》天学，是“诚者天之道也”，《大学》人学，是“诚之者人之道也”。由《大学》至《中庸》是由人以至于天，这是儒家“天人之学”，“天人之学”也包含在礼的范围内，礼涉及上层建筑中各个领域。

原始的礼，比较狭义的礼包括“礼物”“礼仪”两部分。礼仪本是原始社会中互相交往中的规范行为,《仪礼》中多属于“仪”，在《左传》中我们曾经看到关于“仪”的叙述：

> 卫侯在楚，北宫文子见令尹围之威仪，言于卫侯曰……令尹其将不免。公曰：子何以知之？对曰:《诗》云，敬慎威仪，惟民之则。……公曰……何谓威仪？对曰：有威而可畏谓之威，有仪而可象谓之仪。君有君之威仪，其臣畏而爱之，则而象之，故能有其国家。(襄公三十一年)

“有威可畏，有仪可象”，就是在规范行为（仪）中加上显示身份的威严来。法国莫斯（Mouss）在论述“保特拉吃”（Potlatch）时指出，在初民社会内，无所谓商业交易，仅有一种友谊的强迫的赠借。即因此种制度是强迫的、相互的、集合的。在此种制度内，应给予者必须给予，应接受的亦必须接受，而接受者在经过相当时间后仍必须予原来给予者以报酬。而此种必须给予、必须接受与必须报酬之种种手段，均须在一盛大的节日与公共的宴会之下举行。在此种典礼与宴会之内，一方面常有极浓厚的宗教或巫术的色彩，另一方面亦有财富的、技术的或美术的竞赛意味。

又因为这种竞赛式的赠借制度与初民的整个社会有关，故莫斯先生始名之曰“竞赛式之全体赠借”。[参考杨堃先生《论保特拉吃（Potlatch）》]

原始的礼包括两方面：赠给与仪式。在北美印第安人的馈宴中明显地表现出这种仪式来。这是一种精心安排的宴会风气，其间伴以主人或主人的男亲属向其他血统或别的部落来宾铺张浪费地馈赠礼物的活动。它的最初的作用是表明主人的家庭和主人个人身份地位，从而客人们可以通过亲眼所见证明主人们自称的某种身份地位。（参考 *Anthropology, The Study of Man*）我们在中国古代史中也可以找到这种例证，在《仪礼》中到处可以看到表示自己身份地位的场合，所以荀子曾经给礼定义为“分”，每人有自己的一分，守其分即达礼，这定分也就是显示了各人的身份地位。《仪礼·乡饮酒》有“工歌《鹿鸣》《四牡》《皇皇者华》”。胡培翚《正义》云：“……两君相见，得歌《大雅》，则士大夫相见，得歌《小雅》，差之宜也。”歌诗各得其宜，亦即各得其所。孔子所谓，“吾自卫返鲁，然后乐正，各得其所”。

周初统治者尤其是周公，改变了过去“礼”之商业交换性质，而有所谓“制礼作乐”，礼必有乐，而乐与舞合，是谓仪，故吴季札得以观乐。《左传》襄公二十九年，孔颖达疏吴季札于鲁观乐云：“乐之为乐，有歌有舞。歌则咏其辞，而以声播之，舞则动其容而以曲随之。……季札请觏周乐，鲁人以次而舞，每见一舞各有所叹，故以见舞为文，不言为之舞也。且歌则听其声，舞则观其容。……礼法歌在堂而舞在庭，故《郊特牲》云：歌者在上，匏竹在下，贵人声也。以贵人声，乐必先歌后舞，故鲁为季札先歌诸诗而后舞诸乐。”因此顾颉刚先生说《诗经》所录全为乐歌，《墨子·公孟》篇曾经说：“弦诗三百，歌诗三百，舞诗三百。”司马迁《史记·孔子世家》中也说：“三百五篇，孔子皆弦歌之，以求合韶、武、雅、颂之音。”

《诗经》是乐歌，贯穿于士的日常生活中，在《仪礼·乡饮酒》、《乡射》及《燕礼》各篇中，我们可以看到其中的礼乐程序：

> 乡饮酒之礼：……
>
> 众宾序升，即席……

设席于堂廉东上。工四人二瑟，瑟先。相者二人皆左何瑟，后首挎越，内弦，右手相。乐正先升，立于西街东。工入，升自西阶，北面坐。相者东面坐，遂授瑟，乃降。工歌《鹿鸣》《四牡》《皇皇者华》。……工不辞洗，笙入堂下磬南，北面立。乐《南陔》《白华》《华黍》。……乃间歌《鱼丽》，笙《由庚》；歌《南有嘉鱼》，笙《崇丘》；歌《南山有台》，笙《由仪》。乃合乐，《周南》：《关雎》《葛覃》《卷耳》；《召南》：《鹊巢》《采蘩》《采蘋》。

> 工告于乐正曰，“正歌备”。乐正告于宾，乃降。……
>
> 宾北面坐，取俎西之觯阼阶上，北面酬主人。……主人曰：请坐于宾。宾辞以俎，主人请彻俎……众宾皆降。说屦，揖让如初，升，坐。乃羞，无筭爵，无筭乐。宾出奏《陔》。……
>
> 明日，宾服乡服以拜赐，主人如宾服以拜辱。主人释服，乃息司正。无介，不杀，荐脯醢，羞唯所有，征唯所欲，以告于先生君子可也，宾介不与，乡乐唯欲。

顾颉刚先生解释说：“读了这一段，可以知道典礼中所用的乐歌有三种：①正歌，②无筭乐，③乡乐。正歌是在行礼时用的；无筭乐是在礼毕坐燕时用的；乡乐是在慰劳司正时用的。正歌义取严重；无筭乐则多量的演奏，期于尽欢，犹之乎‘无筭爵’的期于‘无不醉’；乡乐则随便，犹之乎‘羞唯所有’，有什么是什么了。乡乐，郑玄注道：‘周南、召南六篇之中唯所欲作，不从次也。’他为什么这般说呢？贾公彦疏道：‘上注以《二南》为卿大夫之乐，小雅为诸侯之乐，故知二南也。’他这话如果是确实的，那么，乡饮酒原是卿大夫之礼，他们为什么要在正歌中奏诸侯用的《鹿鸣》诸篇呢？为什么宾出时要奏天子用的《陔》呢？所以这乡乐一名，我以为应该作乡土之乐解，才对。因为慰劳司正是一件不严重的礼节，所以吃的东西，只要有什么是什么，听的东西也只要点什么是什么。乡土之乐是最不严重的，故便在那时奏了。”(《古史辨》第三册《论诗经所录全为乐歌》)

先生的解释有许多正确的东西，但“乡乐”不能解作“乡土之乐”，乡土之乐同于野乐，郑玄注《周礼·旄人》之《散乐》说：“野人为乐之善者，若今黄门倡矣。”顾先生正是作这种理解。其实，在周代，乡与野正好对立，乡之居民为士，而野之居民为庶人；士、庶之分正好是乡、野之分，即国、野之分。《仪礼》是士礼，亦乡礼，故多以“乡”名篇，如《乡饮》《乡射》，或以“士”名篇，如《士丧》《士虞》；其实都属士礼，即封建贵族礼，“士”其中最低级，人数多，故以士礼说封建贵族礼。原来，士之职为自由农民，以别于依附农民之野人，于是“士庶人”乃农民之“大名”。乡礼乡乐不同于野人礼乐，战国而后，士庶不分，乡乐野乐也渐混淆。

诗乐作为礼仪通行于士大夫中，赋诗亦是交换思想的一种工具，故云“诗言志”，他们在交际上、宴会席上都是如此。在春秋时代，我们可以看到许多这种故事，如《左传》昭公十二年：

> 宋华定来聘，通嗣君也，享之，为赋《蓼萧》；弗知，又不答赋。昭子曰："必亡，宴语之不怀，宠光之不宣，令德之不知，同福之不受，将何以在？"

华定愚蠢，不通于诗，不谙于礼，故云"必亡"！又如襄公十六年《左传》有：

> 晋侯与诸侯宴于温，使诸大夫舞。曰：歌诗必类，齐高厚之诗不类。荀偃怒且曰："诸侯有异志矣。"使诸大夫盟高厚，高厚逃归。于是叔孙豹、晋荀偃、宋向戌、卫宁殖、郑公孙虿、小邾之大夫盟曰："同讨不庭。"

"歌诗必类"是外交场合下的原则，必有类于其身份地位，否则必有大祸，所以当时在外交宴会时，选择人才，以期"歌诗必类"。《左传》僖公二十三年记晋重耳到秦：

> 公享之，子犯曰："吾不如衰之文也，请使衰

从。”公子赋《河水》，公赋《六月》。赵衰曰：“重耳拜赐。”公子降，拜，稽首，公降一级而辞焉。衰曰：“君称所以佐天子者命重耳，重耳敢不拜？”

对此颉刚先生解释说重耳“所以拜赐的原故因为《六月篇》是周宣王命尹吉甫帅师伐猃狁的事，诗上有‘王于出征，以佐天子’的话，秦穆公赋它，是表示他对重耳的一番期望，所以重耳应该拜谢他的厚意。可见宴会赋诗是要主宾互相称美和祝颂，使得各人的好意从歌诗里表现出来，同时要受的方面知道赋诗的人的好意，表现出受诗以后的快乐和谦谢”。先生的意思是对的，这也符合于民族学家所说“Potlatch”原则，在“Potlatch”的宴会上，主会者要表示出自己的威严和身份，使对方承认，其意义是相同的。又如《左传》昭公二年有：

春，晋侯使韩宣子来聘，且告为政而来见，礼也。观书于大史氏，见易象与鲁春秋曰：“周礼尽在鲁矣，吾之今知周公之德与周之所以王也。”公享公，季武子赋《緜》之卒章，韩子赋《角弓》，季武子拜曰：“敢拜子之弥缝敝邑，寡君有望矣。”武子赋《节》之卒章。既享，宴于季氏有嘉树焉。宣子誉之，武子曰：“宿敢不封殖此树，以无忘

> 《角弓》。”遂赋《甘棠》。宣子曰：“起不堪也，无以及召公。”

季武子赋《緜》之末章，是赞美韩宣子懂道理和有能力。所谓“无忘《角弓》”，因《角弓》有“兄弟昏姻，无胥远矣”。季武子是感谢他联络两国的美意。《甘棠》是以召公来比韩宣子，而宣子逊谢不遑说“无以及召公”！

《左传》襄公二十七年的一段记事更是有名的赋诗会：

> 郑伯享赵孟于垂陇，子展、伯有、子西、子产、子大叔二子石从。赵孟曰：“七子从君，以宠武也。请皆赋以卒君贶；武亦以观七子之志。子展赋《草虫》……伯有赋《鹑之贲贲》……子西赋《黍苗》……子产赋《隰桑》，子大叔赋《野有蔓草》……印段赋《蟋蟀》……公孙段赋《桑扈》。……”
>
> 卒享，文子告叔向曰：“伯有将为戮矣！诗以言志，志诬其上，而公怨之，以为宾荣，其能久乎！……”

以上子展赋《草虫》，子产赋《隰桑》，都是借此表示对于赵孟的思慕。子西赋《黍苗》是赞美召伯的功劳，并借此表示赵孟是召伯一流。印段赋《蟋蟀》，其中有“好乐无荒，良士瞿瞿”，意为赵孟行不荒淫，而赵孟亦称赞对方赋此为“保家之主”。公孙段赋《桑扈》，称颂君子“受天之祐”为“万邦之屏”，末句为“彼交匪敖，万福来求”。所以赵孟答曰：“匪交匪敖，福将焉往！若保是言也，欲辞福禄得乎！”而伯有赋《鹑之贲贲》是奇怪的事，本诗主旨，有“人之无良，我以为兄”，“人之无良，我以为君”。只有怨恨而和谐，所以赵孟说，“床笫之言不踰阈”，而结果是“其能久乎”！

顾颉刚先生在《诗经在春秋战国间的地位》一文中，详细地说明了诗经流行的情况，这种情况是从西周流传下来的。由此我们知道，当时的士族皆熟于诗，用诗达礼，而构成当时的“礼乐文明”！这和“文明”加上儒家之理想，遂成为一统天下的理想制度。

公羊学派之形成与大一统思想

公羊学派属于儒家体系，因此有关本学派之形成必须从孔子谈起。《史记·孔子世家》记鲁哀公十四年春西狩获麟后，子曰："君子病没世而名不称焉，吾道不行矣，吾何以自见于后世哉!""乃因史记作《春秋》，上至隐公，下讫哀公十四年，十二公。据鲁亲周故殷，运之三代。约其文辞而指博，故吴楚之君自称王，而《春秋》贬之曰'子'。践土之会，实召周天子而《春秋》讳之曰'天王狩于河阳'。推此类以绳当世贬损之义，后有王者，举而开之,《春秋》之义存，则天下乱臣贼子惧焉。……至于为《春秋》，笔则笔，削则削，子夏之徒，不能赞一辞。弟子受《春秋》，孔子曰：'后世知丘者以《春秋》，而罪丘者亦以《春秋》。'"《春秋》为中国古代史籍之共名,《左传》昭公二年记晋韩宣子聘于鲁,"观书于大史氏，见《易象》与《鲁春秋》曰，'周礼尽在鲁矣'"。是鲁有《春秋》,《国语·晋语》云羊舌肸习于《春秋》,《楚语》申叔时论傅太子曰"教之以春秋"。晋楚当时本以《乘》及《梼杌》，名史，而《墨子·明鬼》又有"周之春秋，燕之春秋，宋之春秋，齐之春秋",《史记汇注考证》作者说,"岂列国之史，皆曰春秋乎？或曰，春秋者，史记大共之名，故《释名》云，春秋立人事，卒岁而究备春秋"。(《史记·孔子世家》注)

"春秋"本为史书之共名，故孟子云,"诗亡然后春秋作"。(《孟子·离娄》下)《诗》指史诗，世界各国多有史诗，为巫史之专职，社会进入文明阶段后，巫变为史，而诗变为春秋。孔子之《春秋》则因鲁史而重修，此后各国春秋亡,《春秋》遂为孔子书之专称。史诗与春秋之大别有二：

1. 史诗神人不分，神话与史实无别。

2. 史诗无义法，而春秋别善恶。

《公羊传》，哀公十四年记西狩获麟后，孔子修《春秋》曰："吾道穷矣，春秋何以始乎隐，祖之所逮闻也，所见异辞，所闻异辞，所传闻异辞。……君子曷为为春秋，拨乱世反诸正，莫近诸《春秋》。"《春秋》而可以拨乱反正，是《春秋》为王者立法，为后王立法。为王者立法乃圣王事，而孔子圣而非王，故有"素王"说，诸多非常异议可怪之论自此起矣。

公羊学实际是继承孟、荀两家学说而有所发展，孟、荀两家虽然历史学说与孔子不同，但他们同倡一统，比如"孟子见梁襄王……卒然问曰：'天下恶乎定?'吾对曰：'定于一'"。朱注曰，"必合于一，然后定也"。在夷夏的问题上，孟子的理论也为公羊之可变体系建立下建筑，比如孟子说，"吾闻用夏变夷者，未闻变于夷者也"。(《孟子·滕文公》上)"用夏变夷"是夷可变为夏，虽然他不承认夏可变为夷。荀子更多谈"一天下"，如《荀子·非十二子》篇有"一天下，财万物",《荀子·仲尼》篇说"文王载百里而天下一”。公羊发展了“一天下”的说法，而倡大一统。但公羊与孟子最大不同处，是公羊盛道齐桓而孟子说，“仲尼之徒，无道桓文之事者，是以后世无传焉，臣未之闻也”。（《孟子·梁惠王》上）当公孙丑问曰：

> 夫子当路于齐，管仲，晏子之功，可复许乎？孟子曰：子诚齐人也，知管仲、晏子而已矣！

其实仲尼本人道桓文之事，尤其是桓公与管仲，更是他称许的人物，时当春秋，王纲已坠，而齐桓公因管仲之力得以一匡天下，使中国免于被发左衽，因之许管仲以“仁”。时至战国，周王已沦为附庸，七国并立，昔日夷狄已成华夏，故孟子云，“吾闻用夏变夷者”，夷已变夏，但新夷又出；此时此地，以周天子为中心，而提倡霸主事业，已不可能，必须有新王出，一统天下，而不是恢复宗周之旧传统，是以有“公羊学派”出，新王出，一天下，非复宗周之“文一统而实不一统”，故号为大一统。大一统思想之深入人心，遂为后来废封建建立郡县之大一统，建立了思想基础。法家与公羊本相近，公羊为齐学；齐学、鲁学同属儒家，鲁学遵传统，而齐学贵创新，新的儒家遂多法家气息，公羊如此，荀子如此，故云公羊虽继承孟、荀，在政治思想上则以荀子为主，汉代公羊大师董仲舒亦复如此。

《公羊传》在开宗明义中首创大一统，隐公元年：

> 元年春王正月。元年者何？君之始年也。……王者孰谓？谓文王也。曷为先言王而后言正月？王正月也。何言乎王正月？大一统也！

这是“实不一统而文一统”，春秋初绝对不是一个一统天下，相对一统，西周式的一统，已不存在，何况大一统。何休《春秋公羊解诂》，于“大一统也”下云：

> 统者始也，摠系之辞，天王者始受命改制，布政施教于天下，自公侯至于庶人，自山川至于草木昆虫莫不一一系于正月，故云政教之始。

何休诂“一统”虽然与今人诂“一统”之义有别，但其大一统实真正之大一统，自公侯至于庶人，自山川至于昆虫草木，莫不系于“正月”，也就是系于“王纲”之政令，正月为政教之始，统一于王朝者必奉王朝正月颁布之正朔法令，故《公羊》云：

> 王者孰谓？谓文王也。

何休《解诂》云，“文王周始受命之王，天之所命，故上系于天”。以周文王为一统之象征，实行一统，当别求新王。依后来公羊家说，公羊学说是孔子为新王立法，当周之世，作新王之法，权假文王，实际以《春秋》当新王,《春秋》何以当新王?《春秋》为新王立法，亦“法王”也。后来西汉形成大一统，于是“法王”落实为汉代立法。立法为王职，孔子非王，故孔子有“素王”之称。西汉盛时的确是大一统的天下，公羊的理想实现了，尤其是武帝时代，内实统一而外攘匈奴，完成了大一统事业，但如何充实这大一统的局面，使之灿烂辉煌，如儒家之所以鼓吹，于是有公羊学家董仲舒之对策。

虽然公羊学者以《公羊》为汉立法而一统于新王，在《公羊传》中大一统，仍然是统一于周，文公十三年传云：

> 然则周公之鲁乎？封鲁公以为周公主然则周公曷为不之鲁，欲天下之一乎周也。

是假托周公之欲统一于周，在《公羊》则为一种理想。

理想的一统是“王者无外”。(《公羊》隐公元年传）但当时表现在《公羊》中者，仍然是“中国”与“诸夏”有别，“诸夏”与“夷狄”有别。这是三个层次的种属,《公羊》成公十五年传云：

曷为殊吴会？外吴也。曷为外也？《春秋》内其国而外诸夏，内诸夏而外夷狄。

何休《解诂》云："内其国者，假鲁以为京师也。诸夏外土诸侯也，谓之夏者，大总下土言之辞也。不殊楚者，楚始见，所传闻世，尚外诸夏，未得殊也。至于所闻世可得殊，又卓然有君子之行，吴似夷狄差醇，而适见于可殊之时，故独殊吴。"《公羊》张三世，所传闻世内中国而外诸夏，夷狄尚不在殊外之内，故不殊楚，况其有君子之行；所闻世内诸夏而外夷狄，吴适见于可殊之内，虽吴似夷狄而差醇；至所见世则天下无外矣。《公羊》义实不俗，夷狄而有君子行，是夷狄可变为中国，于是在所见世，遂有天下无外之大一统。

《公羊》三世，以传闻世为据乱世，所闻世为升平世，而所见世为太平世。在据乱世，"中国"、诸夏、夷狄有别，在太平世才是"王者无外而夷狄进于爵"。《公羊》产生的时代尚是战国晚年的乱世，而《公羊》却说所见世为"太平"，似为理想而非现实。但以吴楚为夷狄，乃传闻时事，故《公羊》云"南夷与北狄交，中国不绝若线"，时至战国，吴楚皆为中国进于爵，已属王者无外，距秦之统一亦在咫尺间，故《公羊》有大一统之预言。《公羊》多道桓文之事，继承孔子而不同于孟子，亦以其志在一统，而"欲天下之一乎周”，孟子则有待于新王。三世有别，所传闻世，虽主一统而实不一统，夷夏有别，保卫中国乃是大一统的先决条件，以“中国”为中心，而诸夏而夷狄，然后完成大一统的事业，层次是清楚的，这是机械的历史发展学说。所以《公羊》僖公四年有云：

> 楚屈完来盟于师，盟于召陵。……其言盟于师，盟于召陵何？师在召陵也。师在召陵，则曷为再言盟？喜服楚也。何言乎喜服楚？楚有王者则后服，无王者则先叛，夷狄也而亟病中国。南夷与北狄交，中国不绝若线。桓公救中国而攘夷狄，卒怗荆，以此为王者之事也。

时无王者，则南夷与北狄交，中国不绝若线，而齐桓公北伐山戎南伐楚，是行王者事，能行王者事即大一统的事业，以此《公羊》于桓公北伐山戎虽有微词，但实际予以肯定评价，亦“文不与而实与”。《公羊》庄公三十年云：

> 齐人伐山戎。此齐侯也，其称人何？贬。曷为贬？子司马子曰：“盖以操之为已蹙矣。”此盖战也，何以不言战？《春秋》敌者言战，桓公之与戎狄，驱之尔。

桓公之与山戎，不必言战，直言驱之可也，这是在“大”桓公之驱山戎，虽因操之过急而贬称为人，亦“文不与而实与”。此时凡能抵御戎狄入侵,《公羊》都与之，如庄公十八年云：

> 夏，公追戎于济西。此未有言伐者，其言追何？大其为中国追也。此未有伐中国者，则其言为中国追何？大其未至而豫御之也。其言于济西何？大之也。

当夷狄未进于爵时，只能是严夷夏之别，不能用夷变夏，故《公羊》云：

> 大其为中国追。

“中国”是庄严的称号，但是可变的称号，所传闻世，以王室为中国，诸夏为外；所闻世以诸夏为中国而外夷狄；所见世则夷狄进于爵而王者无外，无外为大，是为“大中国”，亦即大一统。

《公羊》庄公十年：“秋九月，荆败蔡师于莘，以蔡侯献舞归。荆者何？州名也。州不若国，国不若氏，氏不若人，人不若名，名不若字，字不若子。蔡侯献舞何以名？绝。曷为绝之？获也。曷为不言其获？不与夷狄之获中国也。”时楚为“夷”，蔡为“中国”，楚获蔡侯，是“夷狄之获中国”，这是《公羊》所不许，于是获者、被获者都遭贬绝。“不与夷狄之获中国”是反对“夷狄”之侵略中国；但“不与夷狄之主中国”有时却是“文不与而实与”。因为《公羊》中的夷夏之分是可变的，不是种族上的区别，而是政治和文化上的分野，在政治与文化接近“中国”时，夷狄也就接近华夏，夷狄而入主“中国”，如有利于大一统也会加以肯定，如《公羊》哀公十二年云：

> 公会晋侯及吴子于黄池。吴何以称子？吴主会也。吴主会则曷为先言晋侯？不与夷狄之主中国也。其言及吴子何？会两伯之辞也。不与夷狄之主中国，则曷为以会两伯之辞言之？重吴也。曷为重吴？吴在是，则天下诸侯莫敢不至也。

“不与夷狄之主中国”而重吴，吴当时为夷狄，曷为重夷狄之主中国？吴在是，则天下诸侯莫敢不至，这是虚拟的一统，实不一统而文一统，一统则夷狄进于爵，大一统则天下无外，这是《公羊》书法中之最可取处。

我们多处强调，在《公羊》中的“中国”、“夏”与“夷狄”，不是狭隘的种族概念，它定义于政治与文化的水平，夷狄可进为“中国”，华夏可退为夷狄，所以在《公羊》中多处称许夷狄，如昭公二十三年有云：

> 戊辰，吴败顿、胡、沈、蔡、陈、许之师于鸡父。胡子髡、沈子楹灭，获陈夏啮。此偏战也，曷为以诈战之辞言之？不与夷狄之主中国也。然则曷为不使中国主之？中国亦新夷狄也。

于此，何休有最适当的《解诂》说：“中国所以异乎夷狄者，以其能尊尊也。王室乱，莫肯救，君臣上下败坏，亦新有夷狄之行，故不使主之。”“中国”“夷狄”之别在乎“尊尊”，尊尊是伦理概念，也是政治概念。时王室已乱，而左右上下莫能正，败坏无行，是“中国”而有夷狄行，亦新夷狄也，夷狄不能主中国，是“中国”不能主中国。反之，如“夷狄”能匡王室而尊尊，“夷狄”亦新中国，中国当然可以入主中国。这是《公羊》之最胜义，而何休发挥得当，两千年来，何休为《公羊》之第一解人，其功在董仲舒上。这种理论对于维护中国之一统，以及民族间的团结与融合都起了无比的作用。

夷狄而安于夷狄，永远是儒家排斥的对象，自孔子起，即严夷夏之防，孟子、荀子莫不如此，所以孔子盛道齐桓、管仲，而许管仲以仁，以其能解救“中国不绝若线”的危险局面，但孔子的立场是维护一统，维护周天子之一统，是为“尊尊”。孟子时代，王室沦为附庸，遂主张以新王而一统天下；荀子时代，大一统的局面更加成熟，韩非、李斯，出于荀门，一统局面由他们促成，但法家思想不同于儒家，秦的一统非儒家理想中的一统，汉继秦立，汉高、文、景，都非儒家，于是儒家之大一统有待汉武帝之完成，而董仲舒出。

一统而排斥“夷狄”，只能是“小一统”，《公羊》的理想是大一统，所以在《公羊》中称许“夷狄”者，随处可见，贬“中国”的亦有多处，不存在狭隘的民族思想，华夏族及汉族的形成以及其所代表的灿烂文明，都是综合群体而不单纯。但《公羊》的主张只是理想，因为当时不存在“一统”，更没有大一统，于是《公羊》只能为后王立法，为后王立法是寄希望于将来，《公羊》哀公十四年有云：

> 制《春秋》之义，以俟后圣。以君子之为，亦有乐乎此也。

于此节何休引纬书作证曰：“得麟之后，天下血书鲁端门曰：‘趍作法，孔圣没，周姬亡，彗东出，秦政起，胡破术，书记散，孔不绝。’子夏明日往视之，血书飞为赤乌，化为白书，署曰《演孔图》，中有作图制法之状。孔子仰推天命，俯察时变，却观未来，豫解无穷，知汉当继大乱之后，故作拨乱之法以授之。”“立法”本来为现在和以后，“现在”既不可行，只好俟诸异日，但落实为汉立法，必须孔子先知，于是纬书在这方面有充分发挥。纬书内容复杂，但不乏有用处，未可厚非也。的确《公羊》大一统的思想没有落空，汉武帝时代真正出现了大一统，《公羊》理想实现了。但实现了的理想并不等于一个理想的现实。这个现实仍然存在许多问题，公羊大师董仲舒曾经想用儒术粉饰这个现实，但粉饰的儒术只是一种鼓吹而无当于现实，于是武帝失望，董仲舒无术，汉代始终是儒法并用的天下。

《公羊》产生于新旧交替之间，矛盾重重，反映在公羊学的理论上也是前后不一。它一方面不能忘记诸侯割据的现实，一方面又在规划大一统，理想与现实的矛盾，是任何一位改革者都会遭遇到的现实。《公羊》于此遂调停于两者之间，倡为“实与而文不与”的义法。社会的发展，封建割据逐渐萎缩，天下趋向一统，新兴的地主阶级要建立大一统的天下取代诸侯之割据，《公羊》代表了这种倾向，充分肯定了这种理想；但现实是封建诸侯，现实的影响并不示弱于未来的理想，有时《公羊》也首鼠两端，在义法上遂有“实与而文不与”，如《公羊》僖公元年云：

齐师、宋师、曹师次于聂北救邢。救不言次，此其言次何？不及事也。不及事者何？邢已亡矣。

> 孰亡之？盖狄灭之。曷为不言狄灭之？为桓公讳也。曷为为桓公讳？上无天子，下无方伯，天下诸侯有相灭亡者，桓公不能救，则桓公耻之。曷为先言次而后言救？君也。君则其称师何？不与诸侯专封也。曷为不与？实与而文不与。文曷为不与？诸侯之义，不得专封也。诸侯之义不得专封，则其曰实与之何？上无天子，下无方伯，天下诸侯有相灭亡者，力能救之，则救之可也。

僖公二年也有类似记载，狄灭卫，齐桓公城楚丘，封卫，而《春秋》讳言之。《公羊》发挥道："桓公城之，曷为不言桓公城之？不与诸侯专封也。曷为不与？实与而文不与。文曷为不与？诸侯之义，不得专封。……上无天子，下无方伯，天下诸侯有相灭亡者，力能救之，则救之可也。"此类事尚见于僖公十四年，文公十四年，宣公十一年，定公元年等《传》。我们比较《春秋》三传的记载。《左传》于诸侯救邢迁于夷仪也是肯定的，说：

> 夏，邢迁于夷仪，诸侯城之，救患也。凡侯伯救患分灾讨罪，礼也。（僖公元年）

这是"实与而文亦与"，"凡"是五十凡，乃《左传》中的主要义例。“文”是原则，“实”是当时的实际，《公羊》之“文不与”，是依传统原则表示反对，但按实际情况说，亦只能如此。《左传》则原则、实际两可之。是《公羊》与《左传》之原则有别，《公羊》原则是传统，而《左传》则迁就实际。《穀梁》也完全肯定，“齐师、宋师、曹师城邢，是向之师也，使之如改事然。美齐侯之功也”。这里不存在“实与而文不与”，而美桓公。于僖公二年事，则《穀梁》部分同于《公羊》而措辞不同，原文云：

> 其不言卫之迁焉，何也？不与齐侯专封也。……故非天子不得专封诸侯。诸侯不得专封诸侯，虽通其仁，以义而不与也，故曰，“仁不胜道”。（《穀梁》僖公二年）

《穀梁》与其仁而不与有义，我们很难理解《穀梁》关于“仁”“义”的定义，无法估价，但不完全肯定可知。为什么《公羊》有这种“文”“实”之间的矛盾，当然还是过渡期间的新旧交错，理想与事实之别。《公羊》的理想是建立大一统，在这种大一统的局面下，虽然建立诸侯，但诸侯上统于天子，而不得割据专封，不得相互吞并，夷狄而灭诸夏，尤为不许。但发生了诸侯兼并、夷狄入侵的事实，齐桓公出，能够北伐山戎南伐楚，代行天子方伯的职权，

“天下诸侯有相灭亡者，力能救之，则救之可也”。《公羊》实际赞成这种举动，也就是说希望维持一个表面一统的局面，因之诸侯有能行方伯职权者，实与之，但诸侯不得专封，而文不能与。但这种局面不仅发生于诸侯间，而在侯国大夫间亦曾发生，《公羊》文公十四年传云：

> 晋人纳接菑于邾娄，弗克纳。纳者何？入辞也。其言弗克纳何？大其弗克纳也。何大乎其弗克纳？晋郤缺帅师革车八百乘以纳接菑于邾娄，力沛若有余而纳之。……郤缺曰：“非吾力不能纳也，义实不尔克也。”引师而去之。故君子大其弗克纳也。此晋郤缺也，其称人何？贬。曷为贬？不与大夫专废置君也。曷为不与？实与而文不与。文曷为不与？大夫之义不得专废置君也。

诸侯已不得专废置，何况大夫。但大夫有实力可以专废置，可以专废置却引师去，于是《公羊》有：

> 大其弗克纳。

是赞赏其“弗克纳”，赞赏其“弗克纳”，而贬之称“人”，究竟是“大夫不得专废置”，不得专废置而文与。全篇共有三个层次：其一，大其弗克纳；其二，贬其为大夫而专废置；其三，大夫可专废置而不专，故实与而文不与。曲折婉转，是《公羊》之多姿，但亦未免深文周纳，《春秋》果如是乎？文不与是经，实与是权，《公羊》义法是可以行权的，虽然权有悖于经，《公羊》桓公十一年许祭仲以知权。祭仲为保存郑国，能自贬损以行权，《公羊》称赞道：

> 古人之有权者，祭仲之权是也。权者何？权者反于经，然后有善者也。权之所设，舍死亡无所设。行权有道，自贬损以行权，不害人以行权。杀人以自生，亡人以自存，君子不为也。

权反于经，经是最高原则，但可以有条件地行权，因之行权有道，自贬损以行权，不害人以行权。杀人以自生，亡人以自存，既反于经，又不合于权，君子所不为。儒家经典，《公羊》外无道行权者，因为它违背了传统的道德规范：经。但在社会发展中，经偏保守而权应现实，不能违背现实而行权，行之既久，权可变为经，“文不与而实与”，文即经，而实即权，《公羊》是肯定现实也掌握现实的。

现实与传统的矛盾有时是复杂多端的，比如定公十二年鲁“隳三都”，《左传》《穀梁》于此无评，《公羊》则颇有议论：

季孙斯，仲孙何忌帅师堕费。曷为帅师堕郈，帅师堕费？孔子行乎季孙，三月不违，曰："家不藏甲，邑无百雉之城。"于是帅师堕郈，帅师堕费。

以上"孔子曰"，不见他书，仅见《公羊》，正好代表了公羊学派的观点。邑有百雉之城，是新兴力量在膨胀，也就是说，新过程在酝酿中。当时是阳虎专季氏，季氏专鲁国，表面看起来新兴者是分裂因素，是和大一统的要求不相容的。其实大一统要求新王，而不是统一于旧王周，新王是建筑在新生力量基础上的，旧贵族是当时的割据者，新王则是铲平旧割据的力量，新兴力量才是大一统的负荷者。

《公羊》主张大一统，反对分裂，因之主张"隳三都"，但新的一统不能建筑在旧过程的基础上，对旧的分裂，正好是新统一的基础，没有"三家分晋""田氏代齐"这一系列新生事物的发生，不会有田齐、三晋后来的强大及秦汉的大一统。对鲁国的"禄去公室，政在大夫"也应作如是观。《公羊》和《周礼》虽然在经学上分为今、古，也只是经学上的问题，在政治主张上，两书都有大一统的要求，《公羊》在理论上阐述，而《周礼》在制度上说明，一文一质，正好是相辅相成，两者也同为齐学。但它们都是在不清算旧基础上建立新的一统，以致有时自相矛盾，而无法解脱。比如《公羊》"讥三军"云：

作三军何以书？讥。何讥乎？古者上卿、下卿；上士，下士。（襄公十一年传）

因鲁为次国，本无中军，只有上、下二军。又昭公五年《公羊》云：

五年春，王正月，舍中军。舍中军者何？复古也。

“作三军”非古，故讥；“舍中军”复古，故褒；公然“复古”，何有于新王之大一统？在“立子”的问题上，《公羊》理论也是自相矛盾，它一方面讥世卿，一方面主张立子为立嫡立贵；立嫡立贵与世卿制密切相关，讥世卿则应当尚贤，否则，卿何自而来？总之，《公羊》要建立一个大一统的国家，公羊派的理解是新王的一统，但它并没有清算已经存在的旧基础，在旧的基础上，也就是在诸侯林立的基础上建立新一统，新王而旧基础，是没法建立大一统的。秦始皇出，以万钧之力，打破封建，建立一统！项羽出，以更大的雷霆之力，打破一统，恢复割据，而刘邦出，遂使天下复定于一。几次反复，新旧相争，新生力量终于胜利，但历史的发展曲折多变，此后事实，并非一帆风顺。

汉武帝之大一统与董仲舒的对策

四.

项羽、刘邦灭秦后，项羽兵四十万，号百万；刘邦兵十万，号二十万，力不敌项羽，故项羽当时实为天下盟主，乃引兵屠咸阳，杀秦降王子婴，烧秦宫室，火三月不绝，收其货宝妇女而东。曾有人说项王，以为关中阻山河四塞，地肥沃，建都可以霸，但羽以为秦宫室皆坏，又心欲东归，曰："富贵不归故乡，如衣锦夜行。"说者以为"楚人沐猴而冠耳"。项羽一战将，无统一大志，起兵亡秦亦为个人富贵计，定天下后遂分天下，立诸将为侯王，而自立为西楚霸王，王九郡，都彭城。历史发展非直道向前，始皇以万钧之力，破灭关东诸侯而一统，死后不久而天下乱，农民起兵，项羽继之，灭秦又复以天下为侯封，于是复乱。楚汉相争，刘邦居关中，既有甲兵，又富辎重，立于不败之地，垓下之战项羽亡而刘邦王矣。刘入都关中，后逐渐削除异姓侯王，集权式的一统初见萌芽，而汉初大敌实为匈奴，匈奴不服，汉将无以为家也！

汉兴，匈奴亦大盛，冒顿单于枭雄也，立后不久，破灭东胡，西击走月氏，南并楼烦、白羊河南王，悉收秦使蒙恬所夺匈奴地与汉关故河南塞，至朝那、肤施，遂侵燕代。是时汉方与项羽相拒，中国罢于兵革，以故冒顿益强，控弦之士三十余万。后北服浑窳、屈射、丁零、隔昆、新犛之国；于是冒顿之威信日著于匈奴。适韩王信降于匈奴，因引兵南下攻太原至晋阳下，汉高帝自将兵往击之，至平城，而步兵未尽到，冒顿遂纵精兵三十余万骑围高帝于白登，汉兵中外不得相救，高帝厚遗阏氏，得出与大军合，冒顿引兵去，汉遂使刘敬结和亲之约，而终高祖世，匈奴固未止侵夺也。孝惠、高后时，冒顿益骄，乃为书，使使遗高后曰："孤偾之君，生于沮泽之中，长于平野牛马之域，数至边境，愿游中国。陛下独立，孤偾独居，两主不乐，无以自虞，愿以所有，易其所无。"当此大辱，汉廷无奈，高后报以书曰："单于不忘弊邑，赐之以书，弊邑恐惧，退而自图。年老气衰，发齿堕落，行步失度，单于过听，不足以自污。弊邑无罪，宜在见赦，窃有御车二乘，马二驷，以奉常驾。"辞卑而甘，亦不得已，冒顿得书，遂和亲。

汉文帝即位，复修和亲，后冒顿死，子稽粥立，号老上单于，不断寇边。老上单于死，子车臣单于立，复绝和亲，大入上郡、云中各三万骑，杀略甚众。文帝崩，景帝立，而赵王遂阴使于匈奴，吴楚反，欲与赵合谋入边。汉围破赵，匈奴亦止。自是后，景帝复与匈奴和亲，通关市，给遗单于，遣翁主如故。终景帝世，时时小寇边，无大患。武帝初立，羽毛未丰，明和亲约束，匈奴自单于以下皆亲汉，往来长城下，汉武固非安于现状者，曾伏兵三十余万马邑旁，诱匈奴单于入，因雁门尉史之泄谋，而单于还。自是后，匈奴绝和亲，攻当路塞，往往入寇于边，不可胜数。然匈奴贪，尚乐关市，嗜汉财物，汉亦通关市不绝以

安辅之。(参考《汉书·匈奴传》)

雄才大略必须伴有丰富的物质基础，而武帝正具备这种条件。《汉书·食货志》称，“武帝之初七十年间，国家亡事，非遇水旱，则民人给家足，都鄙廪庾尽满，而府库余财。京师之钱累百巨万，贯朽而不可校。太仓之粟，陈陈相因，充溢露积于外，腐败不可食。众庶街巷有马，阡陌之间成群，乘牸牝者，摈而不得会聚。守闾阎者食粱肉，为吏者长子孙；居官者以为姓号。人人自爱而重犯法，先行谊而黜媿辱焉。”既富而后，“外事四邑，内兴功利矣”。大一统必以夏变夷，而匈奴传统与汉相去甚远，史称，“匈奴，其先夏后氏之苗裔，曰淳维。唐虞以上有山戎、猃狁、薰粥，居于北边，随草畜牧而转移。其畜之所多则马、牛、羊，其奇畜则橐驼、驴……逐水草迁徙，无城郭常居耕田之业。然亦各有分地。无文书，以言语为约束。儿能骑羊，引弓射鸟鼠，少长则射狐兔，肉食。士力能弯弓，尽为甲骑。其俗，宽则随畜田猎禽兽为生业，急则人习战攻以侵伐，其天性也。其长兵则弓矢，短兵则刀铤，利则进，不利则退，不羞遁走。苟利所在，不知礼义。自君王以下，咸食畜肉，衣其皮革，被旃裘。壮者食肥美，老食饮食其余。贵壮健，贱老弱。父死，妻其后母，兄弟死，皆取其妻妻之”。(《汉书·匈奴传》)这种记载是真实的，每个民族都曾经历过的阶段，“妻其后母，兄弟死，皆取其妻妻之”是奴隶社会普遍存在的转房制度，中国在春秋时代，尚有孑遗。而匈奴人之“士力能弯弓，尽为甲骑……急则人习战攻以侵伐”，壮丁皆兵，人尽甲骑，急则人人可以攻战，适逢汉兴，匈奴亦强大，而冒顿单于挟虎狼之勇狠，汉廷无宁日矣。白登之围，吕后之辱，皆婉转忍受，亦不得已。文景时代，休息生养，未暇旁顾，武帝出而形势变。

《史记》于武帝无好评,《孝武本纪》自开始至《纪》终以求神始，以求神终，结果是：

> 方士之候祠神人，入海求蓬莱，终无有验。而公孙卿之候神者，犹以大人迹为解，无其效。天子益怠厌方士之怪迂语矣，然终羁縻弗绝，冀遇其真。自此之后，方士言祠神者弥众，然其效可睹矣。(《史记·孝武本纪》)

一似武帝终身事神而无所得，其实太史公未免偏颇，武帝乃中国历史上最有为帝王之一，乃大一统之实现者，文德武功，固可与唐太宗比美。唐太宗之对突厥，一如汉武帝之对匈奴，都是两国相遇，非彼则此者。而匈奴尤强悍。突厥与唐，匈奴与汉，两强相争，胜者可以大一统而称雄于当时世界，结果唐胜突厥而汉克匈奴，汉唐遂为当时之世界帝国，而文明灿烂，固光照千古者。除汉武帝、唐太宗之雄才外，大将卫青、霍去病及唐之李靖、苏定方皆不世出之良将也。汉武帝即位后，元光元年五月，诏举贤良，曰：

> 朕闻昔在唐虞，画象而民不犯，日月所烛，莫不率俾。周之成康，刑措不用，德及鸟兽，教通四海。海外肃昚，北发渠搜，氐羌徕服。……麟凤在郊薮，河洛出图书。呜乎，何施而臻此与！今朕获奉宗庙，夙兴以求，夜寐以思，若涉渊水，未知所济。猗与伟与！何行而可以章先帝之洪业休德，上参尧舜，下配三王，朕之不敏，不能远德，此子大夫之所睹闻也。贤良明于古今王事之体，受策察问，咸以书对，著之于篇，朕亲览焉。(《汉书·武帝纪》)

于是董仲舒、公孙弘等人出，而元光二年春，又诏闻公卿曰：

> 朕饰子女以配单于，金币文绣赂之甚厚，单于待命加嫚，侵盗亡已。边境被害，朕甚闵之，今欲举兵攻之，何如？(《汉书·武帝纪》)

武帝非偏废者，诏贤良后，即欲举兵攻匈奴。大行王恢建议宜击。是年夏六月以御史大夫韩安国为护军将军，卫尉李广为骁骑将军，太仆公孙贺为轻车将军，大行王恢为将屯将军，大中大夫李息为材官将军，将三十万众屯马邑谷中，诱致单于，欲袭击之。单于入塞，觉之，走出。六月，军罢，将军王恢坐首谋不进，下狱死。首师未遇单于而死王恢，亦说明击匈奴之不易。匈奴无城郭，在茫茫大漠中逐水草居，飘忽而来倏然而去，彼之扰汉，若鹰击长空，一搏则去，而汉将之击匈奴，则如大海探宝，无处可寻，必诱之使来而不来，于是出击亦多不遇，李广之数奇，亦以出击多不遇，遇则如狂风骤雨，攻防不及，卫青、霍去病出，匈奴之末路矣。

卫青、霍去病，出身贱，都因卫子夫而贵显，但勇武知兵。元光六年春匈奴入上谷，遂遣车骑将军卫青出上谷，骑将军公孙敖出代，轻车将军公孙贺出云中，骁骑将军李广出雁门。青至龙城，获首虏七百级。广、敖失师而还。卫青以速战匈奴胜利。元朔年间，即军中拜车骑将军卫青为大将军，当大将军极盛时霍去病出，年十八为天子侍中，善骑射，再从大将军为票姚校尉，“票姚”劲疾之貌，以票姚对匈奴之飘忽不定者，遂百战百胜，史称“骠骑所将常选，然亦敢深入，常以壮骑先其大将军，军亦有天幸，未尝困绝也”。敢于深入大漠而败强敌，亦智勇兼及者，唐人诗“借问大将谁，恐是霍票姚”，票姚固千秋歌咏者，而“楼头小妇鸣筝坐，遥见飞尘入建章”或亦票姚之写照欤？

汉武帝雄才大略，志在大一统，严夷夏之防而挞伐匈奴，在即位之初又反黄老而启用儒家。《汉书·武帝纪》记其大略云：

> 建元元年冬十月诏丞相、御史、列侯、中二千石、诸侯相，举贤良方正直言极谏之士。丞相绾奏：所举贤良，或治申、商、韩非、苏秦、张仪之言，乱国政，请皆罢。

这是儒家以外的学派受到排挤了，同年七月，又：

> 议立明堂，遣使者安车蒲轮，束帛加璧，征鲁申公。

鲁申公是当时有名的儒生，这次受到朝廷尊荣的敬礼。事情的发起者是外戚田蚡与窦婴。《汉书·窦婴田蚡传》说：

> 孝景崩，武帝初即位。……于是乃以婴为丞相，蚡为太尉。……婴、蚡俱好儒术，推毂赵绾为御史大夫，王臧为郎中令。迎鲁申公，欲设明

堂……以兴太平。

他们的举动太急进了，不特要施行他们的政治主张，并且要排除在政治上、学派上的敌人，于是支持儒者又遭失败。同上传:“(婴蚡)举谪诸窦宗室无行者除其属籍。……以故毁日至窦太后，太后好黄老言，而婴、蚡、赵绾等务隆推儒术，贬道家言，是以窦太后滋不悦。二年，御史大夫赵绾请毋奏事东宫。窦太后大怒曰:‘此欲复为新垣平邪?’乃罢逐赵绾、王臧，而免丞相婴、太尉蚡。”这次儒家的失败有两个原因，第一是学术的，迎鲁申公和设明堂，是儒家的主张，最为崇尚黄老学派的窦太后所反对。建立明堂是儒家的政治理想，是天子布政之宫及祭天所在，国之大事，一般人不能轻议，河间献王就因为奏对三雍宫而被黜，何况赵绾、王臧。第二是政治的，窦婴、田蚡打算实行他们的主张，必得皇室允许，而当时掌大权者是窦太后而不是武帝，于是他们要求不要奏事于窦太后，并且除掉她的心腹爪牙。其实武帝初即位也莫奈何他的祖母，儒生们遂遭逢失败。还是在景帝时，窦太后就曾经和儒家有过纷争，当辕固生于景帝朝为诗博士时，窦太后曾经征询他对《老子》一书的意见，他刻薄地答道:

此家人言耳!

结果辕固生几乎被杀。这样一位笃信黄老的顽固老人当道，儒家是很难有所作为的。此外，对鲁申公等这批经师，汉武帝本人的冷淡也是一个原因。当朝廷以蒲轮安车迎接他来之后：

> 至，见上，上问治乱之事。申公时已八十余，老，对曰："为政者不在多言，顾力行何如耳。"是时上方好文辞，见申公对，默然。然已招致，则以为大中大夫，舍鲁邸。(《汉书·儒林传》)

在武帝的意想中，鲁申公一定有一番冠冕堂皇的大道理说出，想不到他竟说出"为政者不在多言，顾力行何如耳"的话来。"多言"是为了说出一番治国的道理，而经师无能，除背诵外，无思想可言，于是武帝只好沉默、失望、悔恨，即使没有窦太后的反对，这些经师也不会有什么作为！

汉武帝建元六年五月窦太后死，武帝在政治上去掉了掣肘的人，第二年，元光元年五月，遂诏举贤良，董仲舒、公孙弘等人出而局势变。我们说过，汉武帝是大有作为的人物，他希望作为一个大一统的统治者而君临天下，不同于他父、祖两代的无为而治。我们从有名的"天人三策"中可以知道武帝思想要略。第一策道：

制曰：朕获承至尊休德，传之亡穷，而施之罔极，任大而守重，是以夙夜不皇康宁，永惟万事之统，犹惧有阙。故广延四方之豪俊，郡国诸侯公选贤良修絜博习之士，欲闻大道之要，至论之极。今子大夫褎然为举首，朕甚嘉之。子大夫其精心致思，朕垂听而问焉。

盖闻五帝三王之道，改制作乐而天下洽和，百王同之。当虞氏之乐莫盛于韶，于周莫盛于勺。圣王已没，钟鼓管弦之声未衰，而大道微缺，陵夷至乎桀纣之行，王道大坏矣。夫五百年之间，守文之君，当涂之士，欲则先王之法以戴翼其世者甚众，然犹不能反，日以仆灭，至后王而后止，岂其所持操或悖缪而失其统与？固天降命不可复反，必推之于大衰而后息与？乌乎！凡所为屑屑，夙兴夜寐，务法上古者，又将无补与？三代受命，其符安在？灾异之变，何缘而起？性命之情，或夭或寿，或仁或鄙，习闻其号，未烛厥理。伊欲风流而令行，刑轻而奸改，百姓和乐，政事宣昭，何修何饬而膏露降，百谷登，德润四海，泽臻草木，三光全，寒暑平，受天之祜，享鬼神之灵，德泽洋溢，施乎方外，延及群生。

子大夫明先圣之业，习俗化之变，终始之序，

> 讲闻高谊之日久矣，其明以谕朕。科别其条，勿猥勿并，取之于术，慎其所出，乃其不正不直，不忠不极，枉于执事，书之不泄，兴于朕躬，毋悼后害。子大夫其尽心。靡有所隐，朕将亲览焉。（《汉书·董仲舒传》）

这种理想，这种策问是他的祖、父，文、景时代没法想象的，也不可能提出的，那时的一统天下还不稳定，只能是休息生养，谈不到复兴三代的礼乐太平。这是些夸大而富于理想的策问："盖闻五帝三王之道，改制作乐而天下洽和……圣王已没……陵夷至乎桀纣之行，王道大坏矣。"武帝提出改制的问题，但他对于改制的含义模糊，不知道要改些什么制，如何来改制。于是他问道："盖闻五帝三王之道，改制作乐而天下洽和……王道大坏矣。夫五百年之间，守文之君……欲则先王之法以戴翼其世者甚众，然犹不能反，日以仆灭……岂其所持操或悖缪而失其统与？固天降命不可复反，必推之于大衰而后息与？"这些问题无所不包，灾异之变、天人之际更是武帝关心的所在。如果被问的是法家，他们将回答："五帝不相复，三王不相袭。"只有变法而不是改制。如果被问的是道家，他们将回答："子所言者，其人与骨皆已朽矣，独其言在耳。"就是拘守章句的经师也将回答："为政者不在多言。"而董仲舒的对策使汉武帝为之惊奇，乃复册之曰：

盖闻虞舜之时，游于岩郎之上，垂拱无为，而天下太平。周文王至于日昃不暇食，而宇内亦治。夫帝王之道，岂不同条共贯与？何逸劳之殊也。

盖俭者不造玄黄旌旗之饰。及至周室，设两观，乘大路，朱干玉戚，八佾陈于庭，而颂声兴。夫帝王之道岂异指哉？或曰，良玉不瑑；又曰，非文无以辅德，二端异焉。

殷人执五刑以督奸，伤肌肤以惩恶。成康不式，四十余年，天下不犯，囹圄空虚。秦国用之，死者甚众，刑者相望，耗矣哀哉！

乌乎！朕夙寐晨兴，惟前帝王之宪，永思所以奉至尊，章洪业，皆在力本任贤。今朕亲耕籍田以为农先，劝孝弟，崇有德，使者冠盖相望，问勤劳，恤孤独，尽思极神，功烈休德未始云获也。今阴阳错缪，氛气充塞，群生寡遂，黎民未济，廉耻贸乱，贤不肖浑淆，未得其真，故详延特起之士，庶几乎！今子大夫待诏百有余人，或道世务而未济，稽诸上古之不同，考之于今而难行，毋乃牵于文系而不得骋与？将所由异术，所

闻殊方与？各悉对，著于篇，毋讳有司。明其指略，切磋究之，以称朕意。(《汉书·董仲舒传》)

根据以上策问，武帝提出一些矛盾而不容易解决的问题。汉文帝、景帝是近乎“垂拱无为”的人，窦太后更是笃信黄老学说。而武帝本人则是“欲闻大道之要，至论之极”的雄才大略帝王，他要有所作为，但历史事实是虞舜无为而天下太平，周文日不暇食而宇内亦治。那么他究竟是应当守“虞舜之无为”还是效法“文王之日昃不暇食”？文帝、景帝是比较节俭的，武帝则富于理想而铺张。究竟应当作“良玉之不瑑”，还是作“非文无以辅德”？景帝任用晁错，近于申韩，而武帝则景仰于成康之刑措。何去何从，是当时也是历史上的大事，是颇费斟酌的文题。武帝谈论的虽然是历史，其实是他要解决的切身问题。

这切身实际问题的产生，是由当时的社会和历史所决定的。汉初高祖刘邦时代，时当变乱之后，天下初定，物质基础不雄厚，天子不能具钧驷，而强敌在外，以致受困于白登，吕后时犹有冒顿之辱。于是文景时代不得不休息生养，黄老学派抬头，内政上近于垂拱无为而外对匈奴和亲。武帝继位后，经过汉初几十年的休息生养，社会经济日益繁荣,《汉书·食货志》说：

至武帝之初七十年间，国家亡事，非遇水旱，则民人给家足，都鄙廪庾尽满，而府库余财。京师之钱累百巨万，贯朽而不可校。太仓之粟，陈陈相因，充溢露积于外，腐败不可食。众庶街巷有马，阡陌之间成群，乘牸牝者，摈而不得会聚。守闾阎者食粱肉，为吏者长子孙，居官者以为姓号。人人自爱而重犯法，先行谊而黜媿辱焉。

于是武帝“外事四夷，内兴功利”。(《汉书》) 其实武帝不是功利主义者，他是一位雄心勃勃，要恢复三代之治的人。他控制着财富，控制着甲兵，外事四夷而挞伐匈奴。富于理想的汉武帝在内政上更要有所作为了，他不甘心于无为，不甘心于黄老的玄默，他要开创一个崭新的局面，他熟习历史，而历史上的名帝圣王，作法与风度并不一致，但都有作为，于是他心中无数，无所适从。不能求教于申韩与黄老，申韩导致秦始皇的统一，也导致秦二世的灭亡；也不能求教于黄老，那是他父、祖的作风，窦太后的遗产，是他要抛弃的思想体系；也不能求教于章句经师，他们是无话可说的。而董仲舒海阔天空的议论使他惊奇，这正好是投其所好。关于人事的策问，已如上述，武帝进而追求“天人之际”了。《汉书·董仲舒传》说：

于是天子复册之。

制曰：盖闻“善言天者必有征于人，善言古者必有验于今”。故朕垂问乎天人之应，上嘉唐虞，下悼桀纣，寖微寖灭寖明寖昌之道，虚心以改。今子大夫明于阴阳所以造化，习于先圣之道业，然而文采未极，岂惑乎当世之务哉？条贯靡竟，统纪未终，意朕之不明与？听若眩与？夫三王之教所祖不同，而皆有失，或谓久而不易者道也，意岂异哉？今子大夫既已著大道之极，陈治乱之端矣，其悉之究之，孰之复之。《诗》不云乎？“嗟尔君子，毋常安息，神之听之，介尔景福。”朕将亲览焉，子大夫其茂明之。

武帝认为董仲舒关于“天人之应”说得太少，而问他，你既然懂得阴阳造化，习于先圣道业，然而未尽文采。你以为我不能理解，或者是我听不明白？那么你为什么不痛快地说出来？出于黄老申韩之家的少年统治者，在国富民强之后，不甘心于玄默，不甘心于无为，他似乎醉心于公羊学派的大一统理论，醉心于儒家的天人之学，从此出发，遂有后来的一切措施，他要求文采，要求富丽堂皇。于此董仲舒曾有逐条答复。

董仲舒对一策曰：

陛下发德音，下明诏，求天命与情性，皆非愚臣之所能及也。臣谨案《春秋》之中，视前世已行之事，以观天人相与之际，甚可畏也。国家将有失道之败，而天乃先出灾害以谴告之；不知自省，又出怪异以警惧之，尚不知变，而伤败乃至。以此见天心之仁爱人君而欲止其乱也。自非大亡道之世者，天尽欲扶持而全安之，事在强勉而已矣。强勉学问，则闻见博而知益明；强勉行道，则德日起而大有功，此皆可使还至而有效者也。……

道者，所由适于治之路也，仁义礼乐皆其具也。故圣王已没，而子孙长久安宁数百岁，此皆礼乐教化之功也。王者未作乐之时，乃用先王之乐宜于世者，而以深入教化于民。教化之情不得，雅颂之乐不成，故王者功成作乐，乐其德也。乐者所以变民风，化民俗也；其变民也易，其化人也著。……

臣闻天之所大奉使之王者，必有非人力所能致而自至者，此受命之符也。天下之人同心归之，若归父母，故天瑞应诚而至。……及至后世，淫佚衰微，不能统理群生，诸侯背畔，残贼良民以争壤土，废德政而任刑罚。……邪气积于下，怨恶畜于上。上下不和，则阴阳缪戾而妖孽生矣。此灾异所缘起也。

臣闻命者天之令也，性者生之质也，情者人之欲也。或夭或寿，或仁或鄙，陶冶而成之，不能粹美，有治乱之所生，故不齐也。……故尧舜行德则民仁寿，桀纣行暴则民鄙夭。夫上之化下，下之从上，犹泥之在钧，唯甄者之所为；犹金之在熔，唯冶者之所铸。……

臣谨案《春秋》之文，求王道之端，得之于正。正次王，王次春。春者，天之所为也；正者，王之所为也。其意曰，上承天之所为，而下以正其所为，正王道之端云尔。然则王者欲有所为，宜求其端于天。天道之大者在阴阳，阳为德，阴为刑；刑主杀而德主生。是故阳常居大夏，而以生育养长为事；阴常居大冬，而积于空虚不用之处。以此见天之任德不任刑也。天使阳出布施于上而主岁功，使阴入伏于下而时出佐阳；阳不得阴之助，亦不得独成岁。终阳以成岁为名，此天意也。王者承天意以从事，故任德教而不任刑。刑者不可任以治世，犹阴之不可任以成岁也。为政而任刑，不顺于天，故先王莫之肯为也。今废先王德教之官，而独任执法之吏治民，毋乃任刑之意与？孔子曰："不教而诛谓之虐。"虐政用于下，而欲德教之被四海，故难成也。

臣谨案《春秋》谓一元之意，一者万物之所从始也，元者辞之所谓大也。谓一为元者，视大始而欲正本也。《春秋》深探其本，而反自贵者始。故为人君者，正心以正朝廷，正朝廷以正百官，正百官以正万民，正万民以正四方。四方正，远近莫敢不一于正，而亡有邪气奸其间者。是以阴阳调而风雨时，群生和而万民殖，五谷孰而草木茂；天地之间被润泽而大丰美，四海之内闻盛德而皆徕臣，诸福之物，可致之祥，莫不毕至，而王道终矣。

孔子曰："凤鸟不至，河不出图，吾已矣夫！"自悲可致此物，而身卑贱不得致也。今陛下贵为天子，富有四海，居得致之位，操可致之势，又有能致之资……然而天地未应而美祥莫至者，何也？凡以教化不立而万民不正也。夫万民之从利也，如水之走下，不以教化堤防之，不能止也。是故教化立而奸邪皆止者，其堤防完也。教化废而奸邪并出，刑罚不能胜者，其堤防坏也。古之王者明于此，是故南面而治天下，莫不以教化为大务。立大学以教于国，设庠序以化于邑，渐民以仁，摩民以谊，节民以礼，故其刑罚甚轻而禁不犯者，教化行而习俗美也。

圣王之继乱世也，扫除其迹而悉去之，复修教化而崇起之。教化已明，习俗已成，子孙循之，行五六百岁尚未败也。至周之末世，大为亡道，以失天下。秦继其后，独不能改，又益甚之，重禁文学，不得挟书，弃捐礼谊而恶闻之，其心欲尽灭先王之道，而专为自恣苟简之治，故立为天子十四岁而国破亡矣。自古以来，未尝有以乱济乱，大败天下之民如秦者也。……孔子曰："腐朽之木不可雕也，粪土之墙不可圬也。"今汉继秦之后，如朽木粪墙矣，虽欲善治之，亡可奈何。法出而奸生，令下而诈起，如以汤止沸，抱薪救火，愈甚亡益也。窃譬之琴瑟不调，甚者必解而更张之，乃可鼓也。为政而不行，甚者必变而更化之，乃可理也。当更张而不更张，虽有良工，不能善调也；当更化而不更化，虽有大贤不能善治也。故汉得天下以来，常欲善治而至今不可善治者，失之于当更化而不更化也。古人有言曰："临渊羡鱼，不如退而结网。"今临政而愿治七十余岁矣，不如退而更化；更化则可善治，善治则灾害日去，福禄日来。《诗》云："宜民宜人，受禄于天。"为政而宜于民者，固当受禄于天。夫仁谊礼知信五常之道，王者所当修饬也；五者修饬，故受天之佑，而享鬼神之灵，德施于方外，延及群生也。（《汉书·董仲舒传》）

现在看，在历史上的帝王中能够作出武帝策问者，绝无仅有，这不是他的臣下代庖，当时的群臣没有这种水平。武帝首先自改制作乐谈起，其次谈“天人之际”，“三代受命，其符安在？灾异之变，何缘而起？性命之情，或夭或寿……习闻其号，未烛厥理”。“天人”是人与自然的关系，中国古代哲学家首先提出天人之际，然后是人人之际。当时他们不了解“天”，但知道天能降灾或降福于人，而认为人的作为可以改变天的态度，而不是通过努力来克服自然。荀子有改变自然的想法，但思孟一派则使天神秘化，降至汉初，遂有董仲舒的天人之学，此后，谶纬学兴，天人之学更向宗教方面发展。中国古代有受命之说，以为人君受天命而王，故武帝问：“三代受命，其符安在？灾异之变，何缘而起？”遂有董仲舒之长篇议论，实无高见，但开西汉灾异、阴阳之先，“国家将有失道之败，而天乃先出灾害以谴告之；不知自省，又出怪异以警惧之，尚不知变，而伤败乃至。以此见天心之仁爱人君而欲止其乱也”。这是对于失道者的警告；对于有道者，则“天之所大奉使之王者，必有非人力所能致而自至者，此受命之符也。天下之人同心归之，若归父母，故天瑞应诚而至”，如《书》之“白鱼入于王舟”。这种理止于巫术，所以仲舒实近大巫。但于巫术的思想迷漫于以后的朝野社会，董仲舒的再传弟子眭弘，他更夸大其说道：

> 孝昭元凤三年正月，泰山莱芜山南匈匈有数千人声。民视之，有大石自立，高丈五尺，大四十八围，入地深八尺，三石为足。石立后有白乌数千，下集其旁。是时昌邑有枯社木卧复生。又上林苑中，大柳树断枯卧地，亦自立生，有虫食树叶成文字曰：“公孙病已立。”孟推《春秋》之意，以为石柳皆阴，类下民之象。泰山者，岱宗之岳。王者易姓告代之处。今大石自立，僵柳复起，非人力所为，此当有从匹夫为天子者。枯社木复生，故废之家，公孙氏当复兴者也。……汉家尧后，有传国之运。汉帝宜谁差天下，求索贤人，禅以帝位，而退自封百里，如殷周二王后，以承顺天命。孟使友人内官长赐上此书。（《汉书·睦弘传》）

这真是“与虎谋皮”的谬论，在家天下已久的封建社会，而鼓吹汉帝让位于当时贤人，而退自封百里，如殷周二位后之为“三恪”。这是因灾异而至禅让，本来礼乐文明之极致，在政治上也未尝不以禅让为目标，此尧舜故事，所以为儒家所乐道，历史在发展，退后不可能，在当时未免是儒生的妄想。但此为政治野心家所利用，于是西汉晚期，灾异频繁，山雨欲来的局面形成，哀帝不得表示禅位于董贤，而王莽究竟取代孺子婴！

因为武帝问到改制作乐，所以董仲舒畅谈教化问题。我们以为这是对策中的积极因素，董氏迂腐而近于巫，但其教化理论实多精彩处。他说当时“天地未应而美祥莫至者……凡以教化不立而万民不正也。夫万民之从利也，如水之走下，不以教化堤防之，不能止也。是故教化立而奸邪皆止者，其堤防完也。……古之王者明于此，是故南面而治天下，莫不以教化为大务。立大学以教于国，设庠序以化于邑，渐民以仁，摩民以谊，节民以礼，故其刑罚甚轻而禁不犯者，教化行而习俗美也”。这是“富而后教”理论的优良传统，万民从利，如水之走下，这是历史时代各种社会的普遍现象，但富而不教，必至万民不正，万民不正则奸邪当道，是远于礼乐文明者，秦统一后即如此，他们“重禁文学，不得挟书，弃捐礼谊而恶闻之，其心欲尽灭先王之道，而专为自恣苟简之治，故立为天子十四岁而国破亡矣。自古以来，未尝有以乱济乱，大败天下之民如秦者也”。

不能学秦，必须更化，董仲舒一策的核心是劝武帝更化，以达到礼乐文明的“三代”世界。他说：“今汉继秦之后，如朽木粪墙矣，虽欲善治之，亡可奈何。法出而奸生，令下而诈起，如以汤止沸，抱薪救火，愈甚亡益也。窃譬之琴瑟不调，甚者必解而更张之，乃可鼓也。为政而不行，甚者必变而更化之，乃可理也。”董仲舒的对策实在是夸大而思想混乱，但这种对策为武帝所醉心，此所以能为武帝所赏识，它不同于黄老申韩，不主张寒酸的恭俭而要富丽堂皇地有所作为，是重要原因。董仲舒在第二次的对策中说：

> 孔子作《春秋》，先正王而系万事，见素王之文焉。由此观之，帝王之条贯同，然而劳逸异者，所遇之时异也。孔子曰：“武尽美矣，未尽善也。”此之谓也。
>
> 臣闻制度文采玄黄之饰，所以明尊卑，异贵贱，而劝有德也。故《春秋》受命所先制者，改正朔，易服色，所以应天也。然则宫室旌旗之制，有法而然者也。故孔子曰：“奢则不逊，俭则固。”俭非圣人之中制也。臣闻良玉不瑑，资质润美，不待刻瑑，此亡异于达巷党人不学而自知也。然

则常玉不琢，不成文章；君子不学，不成其德。

臣闻圣王之治天下也，少则习之学，长则材诸位，爵禄以养其德，刑罚以威其恶，故民晓于礼谊而耻犯其上。武王行大谊，平残贼，周公作礼乐以文之，至于成康之隆，囹圄空虚四十余年，此亦教化之渐而仁谊之流，非独伤肌肤之效也。至秦则不然，师申商之法，行韩非之说……又好用憯酷之吏，赋敛无度，竭民财力，百姓散亡，不得从耕织之业，群盗并起。是以刑者甚众，死者相望，而奸不息，俗化使然也。……今陛下并有天下，海内莫不率服，广览兼听，极群下之智，尽天下之美，至德昭然，施于方外……此太平之致也。然而功不加于百姓者，殆王心未加焉。……愿陛下因用所闻，设诚于内而致行之，则三王何异哉！

陛下亲耕借田，以为农先，夙寤晨兴，忧劳万民，思惟往古，而务以求贤，此亦尧舜之用心也，然而未云获者，士素不厉也。夫不素养士而欲求贤，譬犹不琢玉而求文采也。故养士之大者，莫大乎太学，太学者，贤士之所关也，教化之本原也。……臣愿陛下兴太学，置明师，以养天下之士，数考问以尽其材，则英俊宜可得矣。今之

> 郡守、县令，民之师帅，所使承流而宣化也；故师帅不贤，则主德不宣，恩泽不流。今吏既亡教训于下，或不承用主上之法，暴虐百姓，与奸为市……是以阴阳错缪，氛气充塞，群生寡遂，黎民未济，皆长吏不明，使至于此也。
>
> 夫长吏多出于郎中、中郎，吏二千石子弟选郎吏，又以富訾，未必贤也。……臣愚以为使诸列侯、郡守，二千石各择其吏民之贤者，岁贡各二人以给宿卫，且以观大臣之能；所贡贤者有赏，所贡不肖者有罚。……遍得天下之贤人，则三王之盛易为，而尧舜之名可及也。……（《汉书·董仲舒传》）

我们曾经在灾异学说上指责董仲舒思想之混乱，但也指出他的“富而后教”主张之可取，在第二策中他又重点谈选贤与教育问题。从历史说起，尧舜时代之所以教化大行，在于得贤，尧有舜、禹、稷众圣之辅佐，于是“万民皆安仁乐谊，各得其宜”。周文王亦因得太公而安天下。孔子作《春秋》行素王之事，其谊与古圣王同。汉继秦后，并有天下，而功未加于百姓者，关键在于未能养士求贤。“夫不素养士而欲求贤，譬犹不琢玉而求文采也。”必先养士而贤有来源，而养士在于教育，养士之教育，以“大学”（太学）

为主，“太学者，贤士之所关也，教化之本原也”。在秦以前，私人讲学盛行而国学不张，董仲舒之重视大学教育以养士，实属卓见。“士”字之定义因历史发展而有不同，其初为从事耕种之农民，后为自由农民之甲士者，士遂为有文化有道德之贤才，故选士实为选材，而选材是为了改良政治，如果“诸侯、郡守、二千石各择其吏民之贤者，岁贡各二人以给宿卫……天下之士可得而官使也。遍得天下之贤人，则三王之盛易为，而尧舜之名可及也”。大学教育为了养士，而养士为了选贤，选贤为了充实各级政府，改良政治。这是三王之政，则三王之盛易为，而尧舜之名可及。致君尧舜始终是封建社会有为的政治家之最高目标，这是良性循环，从根本处着手，在任何一个社会，任何时代，欲求政治上的清明，都必从“选士”开始，不选而任，贵者世袭，未有不亡者！而选材出自教育，教育为立国之本。董仲舒究竟是经学大师，儒家发展中之杰出代表人物，于此我们对他怀有敬意。

三代之治是非文无以辅德，高文化一定有丰富的文瑑，所以董仲舒也说“俭非圣人之中制也。……常玉不琢，不成文章”，适当的文采玄黄之制是允许的。这是对武帝问“俭者不造玄黄旌旗之饰。及至周室，设两观，乘大路……”之不同作风而提出问题。历史上以为殷质、周文，是本实，周之文化物质水平已超过殷商，比较起来，殷为质朴而周有文采，一文一质正好代表了社会发展水平。汉代统治者归之为作风不同而各有所得，而董仲舒重文亦有见识。

在第三策内，汉武帝复究心于“天人之应”。本来在第一策中已谈天命问题，于此复问：“善言天者必有征于人，善言古者必有验于今。故朕垂问乎天人之应。……今子大夫明于阴阳所以造化，习于先圣之道业，然而文采未极……意朕之不明与？听若眩与？”你不说，是怕我听不懂吗？或者越听越糊涂？于是董仲舒道：

> 臣闻天者群物之祖也，故遍覆包函，而无所殊。……天人之征，古今之道也。孔子作《春秋》，上揆之天道，下质诸人情，参之于古，考之于今。故《春秋》之所讥，灾害之所加也；《春秋》之所恶，怪异之所施也。书邦家之过，兼灾异之变，以此见人之所为，其美恶之极，乃与天地流通而往来相应，此亦言天之一端也。古者修教训之官，务以德善化民，民已大化之后，天下常亡一人之狱矣。……天令之谓命，命非圣人不行；质朴之谓性，性非教化不成；人欲之谓情，情非度制不节。是故王者上谨于承天意，以顺命也；下务明教化民，以成性也；正法度之宜，

别上下之序，以防欲也；修此三者，而大本举矣。人受命于天，固超然异于群生，入有父子兄弟之亲，出有君臣上下之谊，会聚相遇，则有耆老长幼之施；粲然有文以相接，欢然有恩以相爱，此人之所以贵也。生五谷以食之，桑麻以衣之，六畜以养之，服牛乘马，圈豹槛虎，是其得天之灵，贵于物也。故孔子曰："天地之性人为贵。"明于天性，知自贵于物；知自贵于物，然后知仁谊；知仁谊，然后重礼节；重礼节，然后安处善；安处善，然后乐循理；乐循礼，然后谓之君子。故孔子曰："不知命，亡以为君子。"此之谓也。(《汉书·董仲舒传》)

这是关于册命："善言天者必有征于人，善言古者必有验于今"的对策。他还是从灾异谈起，虽然天人相应、灾异之说，贯穿于西汉社会中，但实属巫术迷信，我们说董仲舒于此思想混乱，无价值可言。但下面他谈道："人受命于天，固超然异于群生……粲然有文以相接……是其得天之灵，贵于物也。"却是对于人生价值之新估计，是"人"的重大发现，人为万物之灵，贵于万物，不能自小，所以孔子说："天地之性人为贵！"没有人就没有天地，没有宇宙，没有空间、时间。没有人，宇宙中没有灿烂的文化，文化、文明是人类的创造；没有这种创造，是蛮荒，是木石，蛮荒的木石无知觉，不存在任何认识，时间、空间、宇宙万物存在等于不存在，不存在等于无。儒家发现了“人”，董仲舒强调人为万物之灵，万物之中人为贵，我们不能小看了这种发现。发现人，重视人，才有人文，才有文明，使人们了解是人主宰世界，而不是神！后来儒家又提出人为天地立心，更使宇宙活跃起来，宇宙才是一个完整的宇宙，而不单纯是星河！

武帝又问：“三王之教所祖不同，而皆有失，或谓久而不易者道也，意岂异哉？”仲舒答道：

> 臣闻夫乐而不乱，复而不厌者谓之道；道者万世亡弊，弊者道之失也。先王之道必有偏而不起之处，故政有眊而不行，举其偏者以补其弊而已矣。三王之道所祖不同，非其相反，将以救溢扶衰，所遭之变然也。故孔子曰，“亡为而治者，其舜乎！”改正朔，易服色，以顺天命而已；其余尽循尧道，何更为哉！故王者有改制之名，亡变道之实。然夏上忠，殷上敬，周上文者，所继之救，当用此也。孔子曰，“殷因于夏礼，所损益可知也；周因于殷礼，所损益可知也；其或继周者，虽百世可知也”。此言百王之用，以此三者矣。夏

因于虞，而独不言所损益者，其道如一而所上同也。道之大原出于天，天不变，道亦不变，是以禹继舜，舜继尧，三圣相受而守一道，亡救弊之政也，故不言其所损益也。由是观之，继治世者其道同，继乱世者其道变。今汉继大乱之后，若宜少损周之文致，用夏之忠者。(《汉书·董仲舒传》)

他首次提出“道之大原出于天，天不变，道亦不变”这为后人所诟病的理论。“道”指天道，天道指什么，董无定义，当然指礼义之天，所以为三圣所守而不变。以礼义为天的性质不变，从儒家的“天人之际”的立场言，不能说错。天非恶，如果是恶，不会有万物生长及人类的繁殖。“人受命于天”而超出群生，有父子之亲，长幼之序，灿烂有文，欢然有爱，此皆为天地之性之表现于人类者。从逻辑上讲，从自然本身的性质来说，这都是卓识，相反，不会有人生，不会有人类文明，如果不是有这么一个合理的宇宙。这种“天道”不能变，变则人类无生存的环境，除非它越变越好，变好不可能，希望不变坏，于是天道不变的理论是符合人类的要求与希望的。我们从现在科学、哲学的角度看，都应当同意此时的儒家和后来的理学对于天的形容。

道不变，而朝廷政治可变，这就是“殷因于夏礼，所损益可知也；周因于殷礼，所损益可知也；其或继周者，虽百世可知也”。孔子原意是正确的，夏、商、周之文化发展，是有损有益的过程，而董仲舒则以此三代为典范不能越。这一方面说明道之不变；另一方面说明“损益”是在一定的范围内，在一定范围内就符合“天不变，道亦不变”的最高原则。这就使董仲舒的理论陷入机械循环，使其天道观为之减色。这种理论又见于《春秋繁露·三代改制质文》篇，其中说：

> 《春秋》曰：“王正月。”《传》曰：“王者孰谓？谓文王也。曷为先言王而后言正月？王正月也。何以谓之王正月？曰，王者必受命而后王。”王者必改正朔，易服色，制礼乐，一统于天下……王者受命而王，制此月以应变，故作科以奉天地，故谓之王正月也。王者改制作科奈何？曰：当十二色历，各法而正色，逆数三而复绌三之前曰五帝，帝迭首一色顺数，五而相复，礼乐各以其法象其宜，顺数四而相复，咸作国号，迁官邑，易官名，制礼作乐。故汤受命而王，应天变夏作殷，号时正白统，故亲夏故虞绌唐谓之帝尧，以神农为赤帝……爵谓之帝舜。轩辕曰黄帝，推神

农以为九皇。……武王受命，作宫邑于鄗，制爵五等……周公辅成王受命作宫于洛阳，成文武之制，作汋乐以奉天。……故《春秋》应天作新王之事。时正黑统，王鲁尚黑、绌夏亲周故宋，乐宜亲招武……合伯子男为一等。然则其略说奈何？曰：三正以黑统，初正日月朔于营室，斗建寅，天统气始通化物……是月不杀，听朔废刑发德，具存二王之后也。亲赤统故曰分平明，平明朝正。正白统奈何？曰：正白统者历正日月朔于虚，斗建丑……其色白，故朝正曰白。……正赤统奈何？曰：正赤统者，大节绶帻尚赤，旗赤，大宝玉赤。……而三代改正必以三统天下，曰：三统五端化四方之本也。天始废始施，地必待中，是故三代必居中国，法天奉本执端要以统天下，朝诸侯也。……其谓统三正者，曰：正者正也，统致其气，万物皆应而正。统正其余皆正。凡岁之要在正月也，法正之道，正本而末应，正内而外应，动作举错，靡不变化随从，可谓法正也，故君子曰："武王其似正月矣。"《春秋》曰"杞伯来朝"。王者之后称公，杞何以称伯？《春秋》上绌夏下存周，以《春秋》当新王。《春秋》当新王者奈何？曰：王者之法必正号，绌王谓之帝，封其后以小国，使奉祀之；下存二王之后以大国，使服其服，行其礼乐，称客而朝，故同时称帝者五，称王者三，所以昭五端通三统也，是故周人之王尚推神农为九皇，而改号轩辕，谓之皇帝，因存帝颛顼、帝喾、帝尧之帝号，绌虞而号舜曰帝舜，录五帝以小国；下存禹之后于杞，存汤之后于宋，以方百里，爵号公，皆使服其服，行其礼乐，称先王客而朝。《春秋》作新王之事。变周之制，当正黑统，而殷周为王者之后，绌夏改号禹谓之帝，录其后以小国，故曰：绌夏存周，以《春秋》当新王。

我们说董仲舒的天人之应的理论混乱不清，以致下狱当死，不敢复言灾异。表现在改制问题上亦迂腐难通，但这是当时的大学问，非公羊家不能道。其说有三统，黑统、白统、赤统，一如五行之循环往复，新王必有新统，是谓“三王之道，所祖不同”。统正则其余皆正，而正统之要在正月，故《公羊》称“元年春，王正月……大一统也”。以奉行正朔为大一统之体现。在三统体系下，春秋时代，以《春秋》当新王，而新周、故宋。当代及其上两代为“三王”，三王之上继之五帝，五帝之上为九皇，皇之上绌为民矣。而王者之制，一商一夏一质一文，商质主天，夏文主地，《春秋》主人，是谓四法，四法如四时，周而复始。然后谈大一统，他说“春秋大一统者，天地之常经，古今之通谊也”。此所谓大一统亦天人合一之大一统。《汉书·董仲舒传》师古注：“一统者，万物之统皆归于一也。”万物归于一统，是真正的大一统！

司马迁与公羊学

五.

司马迁是我国划时代的史学家，也是卓越的思想家，这我在《司马迁的历史哲学》一文中已经谈过。中国古代史家，可以分作三个阶段，即：神的时代、巫的时代及史的时代。孟子说，“王者之迹熄而诗亡，诗亡然后春秋作”（《孟子·离娄》下）也道出部分史实，《诗》指史诗，是巫的专职，历史保存在巫的口中、手中，至少数百千年，我们的《楚辞·天问》及《诗经》中的《雅》《颂》，还保存了许多史诗，这时还是神人不分的历史，神是人，人也是神。原来神人杂处，人可以为神，神职人员是当时学者，无所不知，当然亦是史家，到后来人神不分，神职亦有变化，于是巫出。重黎可以说是中国古代社会巫之祖先，《国语·楚语》中曾经有关于重黎的记载。楚国是一个文化发达而保存古老传统比较多的地区，楚昭王知道有关人神杂处的许多传说，但他不明白其中究竟，所以问道：

《周书》所谓“重黎实使天地不通者”，何也？若无然，民将能登天乎？

观射父为之详细地解释道：

及少昊之衰也，九黎乱德，民神杂糅，不可方物。夫人作享，家为巫史，无有要质，民匮于祀而不知其福，烝享无度，民神同位；民渎齐盟，无有严威，神狎民则不蠲其为，嘉生不降，无物以享，祸灾荐臻，莫尽其气。颛顼受之，乃命南正重司天以属神，命火正黎司地以属民，使复旧常，无相侵渎，是谓绝地天通。其后三苗复九黎之德，尧复育重黎之后不忘旧者，使复典之。以至于夏商，故重黎氏世叙天地而别其分主者也。

这是我国远古时代的“天人之学”，楚昭王已经不清楚了，由渊博的观射父作解答。当少昊时代，九黎乱德，使民神杂糅，“夫人作享，家为巫史”。这两句的解释是“现代化”了的结果，当时还不存在巫史，只能是“民神同位”。颛顼继立后乃使神人分开，使南正重司天以属神，命火正黎司地以属民。也就是使重代表天，而黎代表了人，使人神分开，各有专职，可以说是神职专业化，是巫的起源，而重黎是最早的巫。楚昭王所谓《周书》是指《尚书·吕刑》，《吕刑》中有“苗民弗用灵……民兴胥渐，泯泯棼棼，罔中于信……上帝监民，罔有馨香德，刑发闻惟腥。皇帝哀矜庶戮之不辜，报虐以威，遏绝苗民，无世在下。乃命重黎，绝地天通”。和观射父的解答并不相符，但观射父的话补充了古史中最重要的一段，即神、巫、史演变的由来，而司马迁的世系正好上始重黎，他说：

昔在颛顼，命南正重以司天，北正黎以司地。唐、虞之际，绍重黎之后，使复典之，至于夏商，故重、黎氏世序天、地。其在周，程伯、休甫其后也。当周宣王时，失其守而为司马氏。司马氏世典周史，惠、襄之间，司马氏去周适晋，晋中军随会奔秦，而司马氏入少梁。自司马氏去周适晋，分散或在卫，或在赵，或在秦。其在卫者，相中山，在赵者以传剑论显，蒯聩其后也。在秦者名错，与张仪争论，于是惠王使错将伐蜀，遂拔，因而守之。错孙靳，事武安君白起……靳孙昌……昌生无泽……无泽生喜……喜生谈，谈为太史公。太史公学天官于唐都，受易于杨何，习道论于黄子。太史公仕于建元、元封之间，愍学者之不达其意而师悖，乃论六家之要指曰：……太史公既掌天官，不治民，有子曰迁。……卒三岁而迁为太史令，紬《史记》《石室金匮》之书。……太史公曰：先人有言，自周公卒，五百岁而有孔子。孔子卒后，至于今五百岁，有能绍明世，正《易传》，继《春秋》，本《诗》《书》《礼》《乐》之际。意在斯乎！意在斯乎！小子何敢让焉。上大夫壶遂曰：昔孔子何为而作《春秋》哉？太史公曰，余闻董生曰：周道衰废，孔子为鲁司寇，诸侯害之，大夫壅之。孔子知言之不用，道之不行也，是非二百四十二年之中，以为天下仪表。贬天子，退诸侯，讨大夫，以达王事而已矣。……夫《春秋》上明三王之道，下辨人事之纪，别嫌疑，明是非，定犹豫，善善恶恶，贤贤贱不肖，存亡国，继绝世，补敝起废，王道之大者也。……拨乱世，反之正，莫近于《春秋》。《春秋》文成数万，其指数千。万物之聚散皆在《春秋》。……故《春秋》者，礼义之大宗也。夫礼禁未然之前，法施已然之后；法之所为用者易见，而礼之所为禁者难知。壶遂曰：孔子之时，上无明君，下不得任用，故作《春秋》，垂空文以断礼义，当一王之法。今夫子上遇明天子，下得守职，万事既具，咸各序其宜。夫子所论，欲以何明？太史公曰：唯唯，否否，不然。余闻之先人曰……《春秋》采善贬恶，推三代之德，褒周室，非独刺讥而已也。汉兴以来，至明天子，获符瑞，封禅，改正朔，易服色，受命于穆清，泽流罔极，海外殊俗，重译款塞，请来献见者，不可胜道。臣下百官，力诵圣德，犹不能宣尽其意。且士贤能而不用，有国者之耻；主上明圣，而德不布闻，有司之过也。且余尝掌其官，废明圣盛德不载，灭

> 功臣世家贤大夫之业不述，堕先人所言，罪莫大焉。余所谓述故事，整齐其世传，非所谓作也，而君比之于《春秋》，谬矣。(《史记·太史公自序》)

这是司马迁自传的一部分，作为一个历史学家，这是具有充分自信的自传，他相信自己，更相信历史。中国几千年来的史学发达在世界上是无与伦比的，我们要归功于孔子与司马迁。正如这篇自传所说，在原始社会以及阶级社会初期，巫史是知识界的权威，他们通晓天人之际，因而他们是当时的哲学家，也是“宗教家”，他们知道人类事业的发展过程，因而他们是历史家，这人类事业的过程，巫史们认为许多出于天造，通天意者是神，而神无专职，人人可以为神，于是秩序混乱，遂有重黎之绝地天通。这是历史上的大事，不绝天地间的交通，历史始终散乱无序，也就是对于人类历史的发展，言人人殊，有专业巫的出现，逐渐有文字有记载，是真正历史的萌芽，但仍多依于巫的口诵，史在巫的头脑里、口头上，而家族相传，成为世袭，且人不能离天而独立，四时变迁，阴阳寒暖都是“天意”，而通晓天意者也是巫，这是天人之学的第二步，也是史学发展史上的第二步，即史诗时代。诗亡然后《春秋》作，西周开始，史与巫分，正太史公所谓“当周宣王时，失其守而为司马氏。司马氏世典周史，惠、襄之间，司马氏去周适晋”之事实。各国都有春秋，孔子因鲁史而修《春秋》，太史公发扬其义曰：“余闻董生曰：周道衰废，孔子为鲁司寇，诸侯害之，大夫壅之。孔子知言之不用，道之不行也，是非二百四十二年之中，以为天下仪表。……夫《春秋》上明三王之道，下辨人事之纪，别嫌疑，明是非，定犹豫，善善恶恶，贤贤贱不肖，存亡国，继绝世，补敝起废，王道之大者也。”是为史学发展之第三步，史学与伦理结合，以儒家之道德标准评价历史是非。而天人之学与之同步发展，第一步，天人不分；第二步，巫为天人媒介；第三步，史官学通天人。因人事以知天意，故太史公掌天官，不治民事。至此，古代之史，职司天人，汉代学者，遂以《易》代天，以《春秋》代人，《易》与《春秋》遂为天人之学的象征。而《春秋》主要是《公羊春秋》。

司马迁是前期公羊学派的重要人物，我们不能忽视这一点，否则，我们对这位伟大的历史学家就很难正确评价他。司马迁是把他的《史记》比作孔子的《春秋》的，在《太史公自序》中他曾经说：“先人有言，自周公卒，五百岁而有孔子。孔子卒后，至于今五百岁，有能绍明世，正《易传》，继《春秋》，本《诗》《书》《礼》《乐》之际。意在斯乎！意在斯乎！小子何敢让焉。”他是在继孔子之后，续作《春秋》了。“五百岁”在先秦儒家看来是历史循环发展法则，到司马迁的时代又是“至今五百岁”，他应当“当仁不让”了。但他还是表示了谦逊之意，当壶遂问他是否打算作一部新的《春秋》的时候，他却说：“唯唯，否否，不然……余所谓述故事，整齐其世传，非所谓作也，而君比之于《春秋》，谬矣。”在当时的经师看来，孔子是因为“上无明君，下不得任用，故作《春秋》，垂空文以断礼义，当一王之法”。《春秋》本来世据乱世而作，以明一王之法，这一王之法即《春秋》，本来“非天子不议礼，不制度，不考文，”孔子“素王”，故可以为王立法，后来公羊学家遂说《春秋》为汉立法，而孔子能够先知；这仍然是“天人之学”。可太史公继《春秋》而作，又是为了什么？是据乱世为新王立法，壶遂对此是不肯放过的，所以他追问道：

> 今夫子上遇明天子，下得守职，万事既具，咸各序其宜，夫子所论，欲以何明。（《史记·太史公自序》）

《春秋》是据乱世而作，今“夫子上遇明天子……咸各序其宜”，你究竟是为了什么？司马迁只好退却了，他说：“唯唯，否否，不然。余闻之先人曰，伏羲至纯厚，作《易》八卦，尧舜之盛，《尚书》载之，礼乐作焉。汤武之隆，诗人歌之。《春秋》采善贬恶，推三代之德，褒周室，非独刺讥而已也。汉兴以来，至明天子，获符瑞，封禅，改正朔，易服色，受命于穆清，泽流罔极，海外殊俗，重译款塞，请来献见者，不可胜道。臣下百官，力诵圣德，犹不能宣尽其意。且士贤能而不用，有国者之耻；主上明圣，而德不布闻，有司之过也。且余尝掌其官，废明圣盛德不载，灭功臣世家贤大夫之业不述，堕先人所言，罪莫大焉。余所谓述故事，整齐其世传，非所谓作也，而君比之于《春秋》，谬矣。”（《史记·太史公自序》）《春秋》本来是“上无明君，下不得任用，故作《春秋》，垂空文以断礼义，当一王之法”。如果他在继作《春秋》，是“欲以何明”？想干什么呢？太史公只好说：①他不是在继作《春秋》，而《春秋》也是在褒周室；②他生当圣世，正是应当歌功颂德的时代，假使不如此，是“堕先人所言，罪莫大焉”。司马迁在回避问题，其实他还是要继作《春秋》。对于汉朝，他有歌颂的一面，他也有心怀郁结而不满的一面，这正是《春秋》之有褒有贬。虽然他说不是在作《春秋》，是在“述故事”。但孔子自己也说“述而不作”，孔子的《春秋》是在立一王之法，司马迁的《史记》是否也有此意图？

西汉，尤其是武帝时代，是大一统的封建帝国，虽然秦也有过短暂的统一，但在统一前后都是战火纷飞的时代，他们无暇，也没有意图粉饰这个一统局面。秦始皇是一位务实的帝王，他一生忙于战争与建设，信任法家，没有想到儒家大一统的辉煌局面，这辉煌的局面表现了“天人的一统”，真正的大一统，要改正朔，易服色；这虽然无当于事实，但一统必须有一统的历法与服色；儒家，尤其是公羊学派，正是这种一统的鼓吹者，这是扩大了的一统，包括天、人，所以是大一统。秦一统而没有一统的铺张，而且不久即亡，不为后来儒家所承认，说它是一个“闰统”，未能完成历史上一统的大业，未完成的事业要由汉来完成。太史公是歌颂一统的，而汉之大一统，是由秦末农民起义奠基，所以在《史记》中他曾经反复谈此问题，比如他说：“桀纣失其道而汤武作，周失其道而《春秋》作，秦失其政而陈涉发迹，诸侯作难，风起云蒸，卒亡秦族。天下之端，自涉发难。”（《史记·太史公自序》）所谓“天下之端，自涉发难”也就是说“新的天下一统之端，自陈涉发难始”。又说：“太史公读秦楚之际，曰：初作难，发于陈涉；虐戾灭秦，自项氏；拨乱诛暴，平定海内，卒践帝祚，成于汉家。五年之间，号令三嬗，自生民以来未始有受命若斯之亟也。”（《史记·秦楚之际月表》）可以看出太史公对于陈涉首难曾经反复强调。因为没有这一首难，推不倒暴秦，也就没有汉代的一统。在《自序》中他更把陈涉与汤、武、孔子并列，这是一个绝不平凡的历史地位，虽然在《史记》中没有《陈涉本纪》，但商汤、周武、孔子是历史上的“圣王”和“圣人”。《史记》对于汤武的评价说："昔虞、夏之兴，积善累功数十年，德洽百姓，摄行政事，考之于天，然后在位。汤、武之王乃由契、后稷修仁行义十余世，不期而会孟津八百诸侯，犹以为未可，其后乃放弑。"（《史记·秦楚之际月表》）汤、武都是"累世积德"的圣王，而《史记》对于孔子的称赞是"诗有之，'高山仰止，景行行止'，虽不能至，然心向往之。……天下君王至于贤人众矣，当时则荣，没则已焉。孔子布衣，传十余世，学者宗之。自天子王侯，中国言六艺者折中于夫子，可谓至圣矣"。（《史记·孔子世家》）太史公使陈涉与汤、武、孔子并列，好像不伦，却是最高的历史地位。汤、武伐桀纣，孔子作《春秋》，与陈涉之首难，代表中国历史发展之不同阶段，他们都是划时代的人物，是改写历史的大人物。《春秋》不是一个朝代，是指一部史书，但《公羊春秋》是为大一统的天下立法，而中国大一统天下的形成是建基于垄亩之间的陈涉、吴广，这是"王迹之兴，起于闾巷……乡秦之禁，适足以资贤者为驱除难耳，故愤发其所为天下雄，安在无土不王"。（《史记·秦楚之际月表》）"安在无土不王"是划时代的大事，过去是"无土不王"，而今是"无土而王"。这是陈涉、吴广起义的奇迹，肯定这"无土而王"，也就是肯定了地主封建，只有地主封建社会，才能有当时的大一统。这一方面是太史公的卓识，一方面是《公羊春秋》的传统。在中国，肯定农民起义之历史作用，自《公羊》起。

但中国大一统的过程，在思想上，在过程中，是经过反复的。一直到项羽，农民起义已经摧毁秦政权后，他并没有重建大一统帝国的宏图远略，他是旧六国贵族出身，仍然保存着旧贵族的传统思想，他要恢复诸侯割据的局面，史称“项王欲自王，先王诸将相，谓曰：……灭秦定天下者，皆将相诸君与藉之力也，义帝虽无功，故当分其地而王之”。(《史记·项羽本纪》）于是形成这么一种局面，曾经是一统的国家，又为许多诸侯所分割，但历史不会退转，刘邦战胜了项羽，汉朝终于建立了大一统的天下。刘邦继续陈涉、吴广的传统，他们是无土而王，无土者无宗，他们不具备宗法贵族的身份。太史公肯定了陈涉起义，肯定了项羽灭秦，更加肯定了汉朝的一统。这一统是经过几百年的战争，多少代的思想家舆论鼓吹出来的，而最有力的鼓吹者是公羊学派。我们说公羊义颇不俗，适应历史发展，为社会先导，过去说这先导思想是为后王立法，为汉代立法：大一统法。

司马迁是一位伟大的历史学家，历史家的作用不仅是总结过去，还要指示未来。他对于当时许多新生事物都加以肯定，这种肯定和公羊有一定的关系。司马迁曾经说：“余闻董生曰：周道衰废，孔子为鲁司寇，诸侯害之，大夫壅之。孔子知言之不用，道之不行也，是非二百四十二年之中，以为天下仪表。……善善恶恶，贤贤贱不肖，存亡国，继绝世，补敝起废，王道之大者也。……《春秋》辨是非，故长于治人。……《春秋》以道义，拨乱世，反之正，莫近于《春秋》。《春秋》文成数万，其指数千。万物之聚散皆在《春秋》。……故有国者不可以不知《春秋》……为人臣者不可以不知《春秋》……为人君父而不通于《春秋》之义者，必蒙首恶之名。为人臣子而不通于《春秋》之义者，必陷篡弑之诛，死罪之名。……故《春秋》者，礼义之大宗也。"（《史记·太史公自序》）这段文字包含着许多今文《春秋》的义例问题，后来经过公羊学派的发挥，在我国历史上产生了很大作用与影响。当社会处于变革时期，各种社会关系随之有所变动，于是出现过去未曾有过的现象。旧统治者为了维护这即将崩溃的社会秩序，适应这种环境新现象，遂强调封建道德与伦理思想，于是儒家在《公羊春秋》中制定出新的道德标准以为社会准则，后来经过公羊学派的不断发挥，越走越远而漫无边际，以致多"非常异义可怪之论"。司马迁在《自序》中首先提出："自周公卒，五百岁而有孔子。孔子卒后，至于今五百岁，有能绍明世，正《易传》，继《春秋》，本《诗》《书》《礼》《乐》之际。意在斯乎！意在斯乎！小子何敢让焉。"这是司马迁接受了董仲舒的影响而在鼓吹"天人之学"。所谓"五百岁"的问题，也就是"五百"的问题。什么是

"五百"？这是战国时代五行说的繁衍，子思、孟子和邹衍的五行说都和"五百"有关。《中庸》有过"仲尼祖述尧舜，宪章文武，上律天时，下律水土"等记载。后来注疏虽然没有把"上律天时"解释成五行说，但只有五行说的天时为可律，否则以当时的学术水平还找不到他种自然律。《十二纪》和《月令》中的五行律正是由此而来。《论语·尧曰》也有"天之历数在尔躬，允执其中"的文字，这些也见于伪《古文尚书·大禹谟》，伪《孔传》以为历数即天道，是指历运之数。什么是历运之数？这种运数以五为纪，可以称作"五运"，而通称"五行"，"运""行"在字义上是相通的。这是一种历史发展规律，或者说是自然发展规律，而应用于社会历史；这又是一种"天人之学"。"五百岁"是以五为纪的大五行论，是以五为纪的历史发展周期。孟子多言"五百"，曾经说：

> 五百年必有王者兴。(《孟子·公孙丑》)

又：

> 由尧舜至于汤，五百有余岁……由汤至于文王，五百有余岁……由文王至于孔子，五百有余岁。(《孟子·尽心》)

后来的司马迁也在说，“孔子卒后，至于今五百岁……小子何敢让焉”。(《史记·太史公自序》) 他也以“圣王”自居，在续《春秋》了。于此，如果我们不以五行说来解释，那么他们的“五百”有些什么内容，就是简单的“五百”？汉贾谊在《新书数宁》中也有“圣王之起，大以五百为纪”的话，“以五百为纪”是明确的五行说，其后扬雄在《法言》中更有专文讨论这“五百”问题，他说：

> 圣人聪明渊懿，继天测灵，冠于群伦，经诸范，谟五百。(《法言·序》)

可见“五百”是以“五”为纪的五行说的扩大，可以称之为“大五行”。后于思、孟的邹衍所鼓吹的“主运”说，正是这种以“五”为纪的五行说，而说明天道以及人事依此演变不已。“行”、“运”与“历”的意义都相同，所以“五行”可称为“主运”，又可以称之为“历数”，《论语·尧曰》的“天之历数在尔躬”，用现代的话说，是：“按照五行的发展规律，该你当天子了。”

虽然先秦诸子以及两汉经师多说“五行”，但五行说的大师是邹衍，在《史记》中曾经介绍他的学说道：

> 邹衍睹有国者益淫侈，不能尚德，若《大雅》

> 整之于身，施及黎庶矣。乃深观阴阳消息而作怪迂之变，《始终》《大圣》之篇十余万言。其语闳大不经，必先验小物，推而大之，至于无垠。先序今以上至黄帝，学者所共术，大并世盛衰，因载其禨祥度制，推而远之，至天地未生，窈冥不可考而原也。……称引天地剖判以来，五德转移，治各有宜而符应若兹。……然要其归，必止乎仁义节俭，君臣上下六亲之施，始也滥耳。……作“主运”。（《史记·孟子荀卿列传》）

在这段记载内可以看出邹衍的五行说是用以说明历史演变法则的，他的历史法则是以黄帝作中心，推测到天地未生，窈冥不可考而原的时代，这是“学究天人”的理论，“天地剖判以来，五德转移”是天学；“仁义节俭，君臣上下六亲之施”是人学；而“五德转移，治各有宜而符应若兹”是天人相应。这种天人之学是历史的传统，它深入人心，也是自然与人之间关系的探索。这种探索不是无益的。人不能脱离自然而创造社会，两者之间人为枢纽。人如何适应自然的演变是最大的问题，不适应将招致灾难，此所以在汉代的天人之际，变作阴阳灾异之学，《公羊》也受此影响而发展下来，董仲舒、司马迁都是如此。邹衍虽然没有明确提出“五百”，然而他的“主运”就是“五德终始之运”，中心思想离不开“五百”，因此邹衍既是“大九州”的提倡者，也是“大五行”的提倡者。这是非同小可的事业，这是哲学史上的大问题，也是科学史上的重要问题。五行是时间运转，九州是空间区划，宇宙即空时，邹衍是墨家后讨论空时的大家，他的时代当于希腊的亚里士多德；他也是这方面的大家。

《盐铁论》中曾经介绍邹衍的“大九州”说。其中说：

> 邹子疾晚世之儒墨，不知天地之弘，昭旷之道，将一曲而欲道九折，守一隅而欲知万方，犹无准平而欲知高下，无规矩而欲知方圆也。于是推大圣终始之运，比喻王公列士，中国名山通谷以至海外。所谓中国者，天下八十分之一。(《盐铁论·论邹》)

大五行虽然是扩大了的五行，还只是有限的时间概念；大九州是扩大了的九州说，也是有限的空间概念，因为这总的数量是确定的。但在现实的领域，时空有限，在理论上他的时空是无限的，所以他说：“其语闳大不经，必先验小物，推而大之，至于无垠。”无垠即无限。这是邹衍在哲学史上的贡献，实际上，人所接触的时空是有限的，而理论上或者是理想上的时空无限，是富有想象力的假设，在逻辑上，也许在事实上是驳不倒的。司马迁受邹衍的影响而鼓吹五行说，他也说“五百”是大五行，并且以为是孔子以后五百年应运而生的人，有绝对自信，因而说，“小子何敢让焉”。这种自信的态度未免使人难于接受而引起后人的讥评。司马贞的《史记索隐》就指责说：“太史公略取于《孟子》，而扬雄孙盛深所不然，所谓多见不知量也。”这里的“略取于《孟子》”是指“五百”说，而“多见不知量”是指责他不应以当代孔子自居，这是不知自量。其实司马迁相信这种学说，因而有这种自信。事实上，《史记》在中国史学史中的地位不下于《春秋》，就此而论，司马迁是可以自负的。孔子修《春秋》并学《易》，是学究天人的。司马迁也是史学家而讲五行，历史不能只讲人而不知天，所以他说《史记》是“凡百三十篇，亦欲以究天人之际，通古今之变，成一家之言”。（《史记·太史公自序》）他也使《易》和《春秋》联系起来。他曾经说：

> 《易》著天地阴阳四时五行，故长于变……《春秋》辨是非，故长于治人。……《易》以道化，《春秋》以道义。（《史记·太史公自序》）

后来刘歆继承了这种思想，把《易》与《春秋》更紧密地结合在一起。他出自今文学派，但又表彰古文，因之他以

《公羊》义法来说《左氏》。他也是第一个正式沟通今古经学的人,《汉书·律历志》曾经引述刘歆的学说道:“《经》元一以统治,《易》太极之首也。《春秋》二以目岁,《易》两仪之中也。于春每月书‘王’,《易》三极之统也。……象事成败,《易》吉凶之效也。朝聘会盟,《易》大业之本也,故《易》与《春秋》,天人之道也。”可知刘歆的“天人之学”也是来自公羊学派而不是来自古文经。公羊学派既然多讲“天人之际”,但这种学术,过去没有得到恰当的解释。其实他们是以《易》代表天道,以《春秋》代表人事;《易》以道天地阴阳的变化,《春秋》以辨人间是非,而人间是非与天道变化是相互感应的,有感有应是为“天人感应”,后来遂发展为阴阳灾异之学。这就是汉代的“天人之际”的内容,也就是他们的“天人之学”。

司马迁之所谓“天道”也是变化不已,他说:

> 《易》著天地阴阳四时五行,故长于变。(《史记·太史公自序》)

天地在变,阴阳在变,四时在变,五行在变。这是“天道”。因而太史公的天道观并没有完全限于五行说的循环论,当然其中也有五行说的内容。有五行而不限于五行,是其天道观之可取处,自然与社会都在变,不是静止在某一现象或某一处。这是真理，有此真理认识，是千百年不断认识再认识的结果。天道变，社会也在变，司马迁说：

> 安宁则长庠序，先本绌末，以礼义防于利，事变多故而亦反是。是以物盛则衰，时极而转，一质一文，终始之变也。《禹贡》九州，各因其土地所宜，人民所多少而纳职焉。汤、武承弊易变，使民不倦，各兢兢所以为治，而稍凌迟衰微。齐桓公用管仲之谋……用区区之齐显成霸名。魏用李克，尽地利，为强君。自是之后，天下争于战国，贵诈力而贱仁义，先富有而后推让。故庶人之富者或累巨万，而贫者或不厌糟糠；有国强者或并群小以臣诸侯，而弱国或绝祀而灭世。以至于秦，卒并海内。(《史记·平准书》)

他提出“物盛则衰，时极而转，一质一文，终始之变也”的历史发展法则，归纳为“一质一文”，质是质朴，文是文采；历史的发展总可以归纳成两种范畴，但这并不是历史循环论。文、质，前后也有不同，汉之文不同于周之文。司马迁是重视经济发展的，齐桓公用管仲因山海之利而成霸业，魏用李克尽地利之教以成强国。此后转入战国，井田制破坏而兼并起，“庶人之富者或累巨万，而贫者或不厌糟糠；有国强者或并群小以臣诸侯，而弱国或绝祀而灭世。以至于秦，卒并海内”。他用经济的发展来说明社会的发展。

“一文一质”的理论出自公羊学派，在《春秋繁露》内《三代改制质文》篇是董仲舒思想之核心内容。司马迁曾经说：“夏之政忠，忠之敝，小人以野，故殷人承之以敬。敬之敝，小人以鬼，故周人承之以文。文之敝，小人以僿，故救僿莫若以忠。三王之道若循环，终而复始。周秦之间，可谓文敝矣。秦政不改，反酷刑法，岂不缪乎？故汉兴，承敝易变，使人不倦，得天统矣。”(《史记·高祖本纪》)由一质一文而联系到三统，故云“汉兴……得天统矣”。董仲舒曾经发挥此种理论道：“春秋三等，春秋何三等？曰：王者以利，一商一夏，一质一文。商质者主天，夏文者主地，春秋者主人，故三等也。”(《三代改制质文》)三统是天、地、人三统，三统来自《公羊》，因此，我以为：

1. 西汉公羊学是“天人之学”的大本营，天人感应，阴阳灾异说盛行，这都与三统说结合，而《公羊》没有明显的五行说。

2. 三统说与《公羊》所说的三世说相近，以此为主，与五行说结合，遂成三统论。

3.《公羊》三世说以所见为太平世，所闻为衰乱世，含义近于荀子的后王主义，其实孔子也是法后王，他始终向往西周,《公羊》于此发挥了孔、荀的传统。董仲舒的“三王、五帝、九皇”以王为尊的历史学说也受有后王主义的影响。荀子不谈五行，和荀子思想相近的《公羊》遂改头换面，不谈五行而唱三统，这三统是由五行变来的。

4.《小戴礼记》中多三统说，它也是荀子一派的书，因而多说三统。

《三代改制质文》中的三统是：黑统、白统、赤统。得到某一统而为王的朝代，那时的礼乐制度就照着那一统的制度去作。他把本朝和前两代列为三王，三王之前五代为五帝，五帝之前一代为九皇，共九代。此外，有夏、商、质、文四法，因为三统以三为纪，四法以四为纪，所以历经十二代才是一周。这是董生对于历史演变的看法，有循环论色彩，我以为太史公并没有继承这种循环理论。但他也鼓吹三统，提倡三世,《史记·孔子世家》内曾经说:“乃因史记作《春秋》，上至隐公，下讫哀公十四年，十二公。据鲁，亲周，故殷、运之三代。”这是《公羊春秋》，据鲁、亲周是法后王，是比较进步的历史观，他肯定了战国时代之权变，也肯定了秦代之变革多、成功大，他重视“变”，天道在变，社会也在变，社会变化就是在发展。对于多变的社会，保守的史学家总是否定，班固如此，后来的司马光也是如此，但司马迁不然。社会在变，历史在发展，才有西汉的大一统，这在中国古史上是空前的。

大一统是公羊义，以此我们说公羊义颇不俗。司马迁充分肯定这大一统，他在称赞秦一统的时候说："秦并海内，兼诸侯，南面称帝，以养四海，天下之士，斐然乡风，若是者何也？曰：近古之无王者久矣。……令不行于天下，是以诸侯力政……兵革不休，士民罢敝。今秦南面而王天下，是上有天子也。既元元之民冀得安其性命，莫不虚心而仰上。"（《史记·秦始皇本纪》）战国时代"兵革不休，士民罢敝"，因此人人欢迎大一统，这大一统是后王的事业，因为"近古之无王者久矣"。"王者无外"，王是大一统的王，这种思想是由儒家播种而公羊学派萌芽发展，以后遂深入人心，今日犹然！炎黄子孙，华夏文明，固一统而照耀千古者。司马迁的法后王主张和他的歌颂大一统可以结合起来，这是司马迁历史哲学中的精华所在！

何休对于公羊学的总结

六.

公羊学经过两汉经师的发展，至东汉末何休的《春秋公羊解诂》，是两汉公羊义法的总结。应当说，何休是前期公羊学集大成的人物，如果没有他的总结，则公羊学无法表现其系统的历史哲学。没有这种历史哲学的流传，则清儒无法发现公羊学的价值所在。这种发现也并不是轻而易举的事，常州学派之创始人庄存与，发现了《公羊春秋》，但没有发现何休的总结，孔广森发现了何休的总结，但偏离了方向，至刘逢禄，始能比较正确地理解何休。清末廖平大张今文旗帜，惊于公羊之非常异义，而多变其说，至南海康有为，乃大有发展，于是《公羊》家喻户晓，以为救世之良方，变法之指针矣！

何休，字邵公，任城樊（今山东济宁市兖州区西南）人。父豹为少府。休为人质朴，讷于言，而雅有心思，精研六经，世儒无及者。太傅陈蕃辟之，与参政事。蕃败，休坐废锢，乃作《春秋公羊解诂》，覃思十七年，又注训《孝经》《论语》，风角七分，皆经纬典谟，不与一般经师同流。又以《春秋》驳汉事六百余条，妙得公羊本意。休善历算，与其师博士羊弼，追述李育意以难二传，作《公羊墨守》《左氏膏肓》《穀梁废疾》。（见《后汉书·儒林传》）据《汉书》，齐胡母子都传《公羊春秋》，授东平嬴公，嬴公授东海孟卿，孟卿授鲁人眭孟，眭孟授东海严彭祖、鲁人颜安乐。彭祖为《春秋》严氏学，安乐为《春秋》颜氏学。

何休《春秋公羊序》云:“昔孔子有云，吾志在《春秋》，行在《孝经》，此二学者，圣人之极致，治世之要务也。传《春秋》者非一，本据乱而作，其中多非常异义可怪之论，至有背经任意，反传违戾者。……是以讲诵师言，至于百万，犹有不解，时加酿嘲辞，援引他经，失其句读，以无为有，甚可闵笑者，是以治古学贵文章者谓之俗儒。至使贾逵缘隙奋笔，以为《公羊》可夺,《左氏》可兴。恨先师观听不决，多随二创，此世之余事，斯岂非守文持论败绩失据之过哉。余窃悲之久矣，往者略依胡母生条例，多得其正。”公羊经师多言灾异，以实其“天人之学”，加以五行、三统，衍变多端，其中乃多非常异义可怪之论。遂使经师讲诵言百万，犹有不解，甚至援引他经，失其句读。而治古学贵文章者，讥之为俗儒，遂使贾逵奋笔，以为《公羊》可夺,《左氏》可兴，稍后郑玄，更入室操戈矣。今古文艺争，方兴未艾。

何休在《春秋公羊解诂》中，于所谓非常异义可怪之论，更多所发挥而不乏精义。《公羊》虽有异义，但属于历史学派，它通过自己所理解的法则解释《春秋》，也就是解释历史，因而影响政治；而它的政治理论渊源于它的历史学说。传世的儒家讲“天人之学”，天人之学自古以来有许多变化，但可以一言概括，即自然与人际关系，中国古代哲学家以此为本，是唯一正途，没有自然，人民无所依附，利用自然，征服自然，是后来的事。其初，是服从自然，希图了解自然，有所了解后，于是利用自然。这是科学发展的道路。墨家于此有伟大的贡献。但何休避开“天人之学”，他理解自然，但不谈自然，抛弃了天人之学的联系，《易》与《春秋》的结合，而讲《春秋》与《孝经》，这是人际关系。以人际关系代替天人之际，是后汉学者的一种转变。这种转变，一方面摆脱使人厌烦的阴阳灾异，一方面也使儒家失去对宇宙的兴趣，失去了宇宙的儒家与经师即变为章句儒，于是魏晋大师章句学兴，而唐宋集其成，于是有经书的注疏之学，注疏学兴，儒家之哲学思想沉沦。没有哲学思想的儒家，不能与外来的佛及内地的道相竞争，于是转入乡野，经师变作人师矣。

《春秋公羊解诂》中有许多“非常异义可怪”的历史学说，这些历史学说又集中在何休的《春秋文谥例》中，他曾经归纳《春秋》的文例，指出：

> 此《春秋》五始、三科、九旨、七等、六辅、二赞之义，以矫枉拨乱为受命品道之端，正德之纪也。

以上之“三科、九旨”又是全书之主旨所在。何休说，“三科九旨者，新周故宋，以《春秋》当新王，此一科三旨也。

所见异辞，所闻异辞，所传闻异辞，二科六旨也。内其国而外诸夏，内诸夏而外夷狄，是三科九旨也”。这是何休根据经师传统，总结出来的《公羊传》有关历史学理论，也是政治理论。这些理论有他继承的传统学说，比如自胡母子都以及严、颜两家的公羊学，也有他自己的理解与创造。他把历史分作三个阶段，即：所见异辞阶段、所闻异辞阶段、所传闻异辞阶段。我们依照过去的大五行及大九州说，也可以把这三阶段分作大小：大三阶与小三阶。大三阶，传闻世也就是上古史的阶段，所闻世是中古史，而所见世是近现代史。但又以为传闻世，上古史阶段是衰乱世，由衰乱升平以及太平，是他们的历史发展法则。他们把理想的太平世放在现代而不是托诸上古，这是和思孟派言必及尧舜的历史观不同的地方，而接近于荀子的法后王。孔子主张“从周”，他说：

> 周监于二代，郁郁乎文哉，吾从周。（《论语·八佾》）

孔子把西周理想化了，但也接近于历史事实，历史在发展，周比夏商进步，可以说“郁郁乎文”，而且说西周初步达到了大一统。荀子一派以及公羊学派的经师受此影响而具有比较进步的历史观。

三世说究竟是一种机械的历史发展学说，他们把理想的太平世界放到现代，但当时的“现代”并不是理想的太平世界，而且他们一面主张“张三世”，另一面还是鼓吹复古。昭公五年,《公羊传》有：

> 舍中军者何？复古也。

因为过去诸侯无中军，所以去中军为复古。何休在《春秋公羊解诂》中也说：

> 善复古也。

他也称赞“善复古”。但在他们的理论中又以古代为乱世，古代为乱世而复古，其义何为？公羊派的历史理论于此自相矛盾而不能自圆其说。和他们相近的荀子也是如此，他虽然提倡法后王，但大儒之效还是法先王。一直到近代的康有为还是如此。他一方面主张变法维新，一方面还在保皇；这种矛盾和今文经学的传统史观有关，他们向前看，但又频频回顾。历史哲学决定他们的政治理论，政治理论又规约着他们的具体措施。

由宗周的宗法领主逐渐过渡到地主封建社会，宗法削弱了，封建贵族体系趋于瓦解，是公羊学派发生的历史背景。因之在他们的思想体系中既有新兴阶级的思想意识，旧的宗法领主制度又仍在他们的头脑中萦回，于是他们在徘徊，在反顾，但历史在发展，新的一面仍是主流，在引导他们前进。但历史发展道路不是直线前进，也是在迂回，有时反顾。东汉时代，地主阶级逐渐强大而变为豪门世族，他们当政，他们是潜在的割据势力，于是大一统的局面遭逢到敌对力量。《白虎通》的出现，代表了当时的公羊学，一如清代的孔广森，他是公羊大师，但出身于豪门世族，他所理解的《公羊》，绝不同于同时的刘逢禄。何休时代，东汉晚年，大一统的政治局面逐渐难于维持，世族豪门正进行割据的准备。这时何休总结的公羊义法、大一统的学说，只能是“书面总结”，没有丝毫意义，也只能是为后王立法了。

关于“三科九旨”的详细内容，何休曾经有过解释说：

> 所见者：谓昭、定、哀，己与父时事也。所闻者：谓文、宣、成、襄，王父时事也。所传闻者：谓隐、桓、庄、闵、僖，高祖、曾祖时事也。异辞者，见恩有厚薄，义有深浅，时恩衰义缺，将以理人伦，序人类，因制治乱之法。……于所传闻之世，见治起于衰乱之中，用心尚粗粗，故内其国而外诸夏，先详内而后治外。录大略小，

内小恶书，外小恶不书。大国有大夫，小国略称人；内离会书，外离会不书，是也。于所闻之世，见治升平，内诸夏而外夷狄，书外离会，小国有大夫。……至所见之世，著治太平，夷狄进至于爵，天下远近小大若一，用心尤深而详，故崇仁义，讥二名。……所以三世者，礼为父母三年，为祖父母期，为曾祖父母齐衰三月。立爱自亲始，故《春秋》据哀录隐，上治祖祢，所以二百四十二年者，取法十二公，天数备足，著治法式，又因周道始坏，绝于惠、隐之际。（隐公元年）

以上所谓“三世”，可以称之为“小三世”，这具体的三世是以春秋时鲁昭公、定公、哀公作为“所见世”；文公、宣公、成公、襄公作为“所闻世”；隐公、桓公、庄公、闵公、僖公作为“所传闻世”。即以春秋二百四十二年间事为三世。所见世为太平世，所闻世为升平世，所传闻世为衰乱世。衰乱世的时候，诸侯割据，未能一统，表现在《公羊春秋》的义法上是“内其国而外诸夏”，以王都畿内为主。升平之世，逐渐华夏一统，于是进一步“内诸夏而外夷狄”。太平世界则是天下大一统，“夷狄进至于爵，天下远近小大若一”。以春秋当三世，完全是假托，春秋无此事实，亦无此可能。公羊学派以春秋为模式作示范说明而已，但此种假想却具有非常积极的意义，其中抛弃了《白虎通》中“夷狄者……非中和气所生，非礼义所能化，故不臣也”的狭隘的种族立场，持这种立场以为可以防夷狄，其实夷狄正伺机而起，汉后不久，神州瓦解矣。《白虎通》所云非《公羊》原有义，《公羊》义颇不俗，夷狄之别不以种族论，而以政治文化所达到的境界论，因此夷夏之间可以互相转化，夷可以进为夏，夏可以退为夷，这是中国古代处理民族关系的最好方针，中国之所以有大一统，无此方针则不可能。至今天壤之间所有华人，无敢背此方针者，《公羊》义颇不俗也！

《公羊》三世义与现实及史实有矛盾，是何邵公所理解的，比如以春秋昭、定、哀之际为太平世，而太平世必是夷狄进于爵之大一统，但现实是各国交争不已，南夷与北狄交，中国不绝若线。他也知道这种矛盾，于是指出昭、定、哀间定为“太平世”也只是“文致太平”而已。《春秋公羊解诂》有云：

> 《春秋》定、哀之间，文致太平，欲见王者治定，无所复为讥，唯有二名，故讥之。此《春秋》之制也。（定公六年）

定、哀之间本不太平，只能是“文致太平”，根据《公羊》

书法，这也是“文然实不然”。公羊学派把《春秋》当作一种政治纲领，对于朝政具有指导性权威。他们说《公羊》代表着新王太平之治，宣公十六年说：“成周宣榭灾何以书？记实也，外灾不书此何以书？新周也。”何休于此《解诂》：

> 孔子以《春秋》当新王，上黜杞，下新周而故宋。……示周不复兴，故系宣榭于成周。……

是以周为三恪之一，杞是夏后，宋是殷后，故黜杞故宋而新《春秋》，新王尚无所属，故以《春秋》当新王，王者立法，无新王，而因《春秋》为新王立法。《春秋》具“法人”的资格，实在是“法王”的资格，所以《解诂》又说：

> 《春秋》有改周受命之制。（隐公二年）

《春秋》而可以改周受命，是周后之新王。但《春秋》究竟是一部历史书，不是人王或者政府，于是又以鲁当新王，以鲁当受命的新王，《解诂》有云：

> 不言公，言君之始年者，王者诸侯皆称君，所以通其义于王者，惟王者然后改元立号。《春秋》

托新王受命于鲁，故因以录即位。明王者当继天奉元，养成万物。（隐公元年）

以上“《春秋》托新王受命于鲁”语义含混，于此徐彦疏有云：

问曰：《公羊》以鲁隐公为受命王，黜周为二王后，按：《长义》云，名不正则言不顺，言不顺则事不成。今隐公人臣，而虚称以王，周天子见在上而黜公侯，是非正名而言顺也。……如此若为通乎？答曰：《孝经》说云，孔子曰，《春秋》属商，《孝经》属参，然则其微似之语，独传子夏，子夏传与公羊氏。五世乃至汉胡母生，董仲舒推演其文，然后世人乃闻此言矣。孔子卒后三百岁何不全身之有。又《春秋》藉位于鲁以托王业，隐公之爵不进称王，周王之号不退为公，何以为不正名，何以为不顺言乎？又奉天命而作，何不谦让之有。

这是《春秋公羊解诂》开宗明义时的问答，以《春秋》当新王，又托命于鲁，本来是含混的概念。以上答问曰“《春秋》藉位于鲁以托王业”，以《春秋》当新王，但《春秋》

不可能王，于是借王位于鲁。所以《春秋》在三世学说中，据鲁、新周而故宋黜杞。据鲁而不进隐公为王，不退周王为公，仍名正言顺。以鲁当新王，而以昭、定、哀之世为太平世，并且以大一统国王看鲁君，所以说“明王者当继天奉元，养成万物”。其实这只是书面上的要求，是“文致太平”，是“文然而实不然”，当时中国并不太平，鲁国不过是面临灭亡的小诸侯。因此《公羊》多非常异义可怪之论。何休把《公羊春秋》当作一部理想的政治典范，太平、升平、据乱，是《公羊》社会发展规律，这是大的规律；在具体历史事件中，比如在春秋二百四十二年中，他也指出各种模型，如以昭、定、哀为太平世，但与事实不符，他们不是讲事实，他们讲理论，在历史理论方面应该如此。理论脱离事实，所以我们说何休仅是在作书面的总结。

公羊学派的历史哲学决定他们的政治理论。如今我们分析他们有关政治理论中有关问题。公羊学派最主要的理论是大一统，这，他们曾经有过许多发挥。何休于此没有进一步的说明，只是强调了“一法度，尊天子”。这是因为时代变了，东汉末年，大一统的局面正在瓦解，天子不尊，法令不一，诸侯割据的形势正在形成，于是遂有“一法度，尊天子”的呼声，同时他也在讥世卿而赞扬孔子的“隳三都”。但何休之解释大一统，究不同于过去，他在隐公元年“何言乎王正月，大一统也”条下云：

> 统者始也，总系之辞。天王者始受命改制布政施教于天下，自公侯至于庶人，自山川至于草木昆虫，莫不一一系于正月，故云政教之始。

以往，公羊学者之论大一统，是“天人之学”，一统于天人，要改正朔，易服色以应天。如今何休抛弃天而及草木昆虫。

《公羊》义法之变始于《白虎通》，它反映了豪门地主阶级的强大而企图削弱天子的地位，天子不是一尊，天下并非一家，如云：

> 王者所以存二王之后，何也？所以尊先王，通天子之三统也。明天下非一家之有，谨敬谦让之至也。(《白虎通·三正》)

王者存二王之后，与本朝为三，所以通三统，是《公羊》古义，但“明天下非一家之有”，却是新说，传统儒家及古经典都是说“普天之下，莫非王土，率土之滨，莫非王臣”。如今却说“天下非一家之有”，是公开主张分裂，是反映当时豪门世族的政治要求，“几人称帝，几人称王”的局面呼之欲出了。《白虎通》不循《公羊》原有义，在走回头路。天子不尊，于是诸侯对于天子有“不纯臣”之义：

> 王者不纯臣诸侯何？尊重之，以其列土传子孙，世世称君，南面而治……异于群臣也。(《白虎通·王者不臣》)

其实在东汉并不存在强大的诸侯，列侯虽然享受优厚的待遇，但不许他们参与政治。建武二十四年（公元48年），光武曾下诏重申“阿附蕃王法”，凡附益诸侯王者都要受到严厉的处分，以后又下诏逮捕王侯宾客，牵连至死者达八千人。这说明一种事实，列侯虽受限制，但具有潜在力量。不过在当时具有强大实力者不是这些名义上的诸侯，而是豪门世族，后来取得割据地位的正是他们。《白虎通》在迁就他们而贬低天子，也不倡大一统，但何休并没沿《白虎通》的路子走下去，他在提倡正本抑末。《公羊》隐公三年“讥世卿”何休《解诂》云：

> 礼，公卿大夫士，皆选贤而用之。卿大夫任重职大，不当世为，其秉政久，恩德广大，小人居之，必夺君之威权……君子疾其末则正其本。

“公卿大夫士，皆选贤而用之”，代表先秦新兴地主阶级的要求，是后来科举制度的理论根据，是中国古代政治制度中最为人称道的所在。这和代表宗法贵族的世禄世卿制度是不相容的，但何休的时代是豪门世族兴起的时代，这些选贤的办法已行不通了。魏晋以后世族大家变为世袭贵族，而寒门无法与之争，“九品中正”也是上品无寒门。

“隳三都”是《公羊传》中所肯定的一件大事，事见于定公十二年传，从孔子维护一统的角度看，三都的建立是削弱鲁公的举动，所以他主张“隳三都”。我们知道孔子的思想与公羊派的思想不完全一致，《公羊》发挥了孔子思想的一面而靠近法家，它所主张的大一统也不同于孔子，这新的大一统设想不同于宗周的一统，而何休的时代又不同于《公羊》产生的时代，一个是向着一统方面发展，一个是向着分裂。战国以后，秦汉一统已经维持了数百年，可以说公羊派的理想实现了，故云《公羊春秋》为汉立法。但何休的时代不同了，世族强大，豪门拥兵，少数民族崛起，出现了新的割据现象。何休之所以鼓吹“隳三都”，弱臣势，不能不反映当时的具体情况。他在《解诂》中说：

> 郈，叔孙氏所食邑；费，季氏所食邑。二大夫宰吏数叛，患之，以问孔子，孔子曰：“陪臣执国命，采长数叛者，坐邑有城池之固，家有甲兵之藏故也。”季氏悦其言而堕之。……书者，善定公任大圣，复古制，弱臣势也。（定公十二年）

虽然《公羊传》与何休的议论相同，但出发点并不一致。他们也都不理解，三都强大，陪臣执国命，是社会发展必然结果。宗法领主没落了，新兴统治者从陪臣执国命始，他们是新制度的创造者及负荷者，新的一统思想自此萌芽，没有新兴的阶级，没有新兴的力量，不会有新的大一统。何休的时代与《公羊》产生的时代不同，战国末产生的新兴地主阶级，到何休时代已变为世族豪门，本来是要求一统的力量，如今异化，变作割据的力量。过去是宗法贵族妨碍了大一统，如今是世族门阀破坏了大一统。不同的时代遭遇到类似的问题，本应有不同的解决方案，但何休是不理解的。

汉代经师都说谶纬，讲阴阳灾异，在何休的思想中也不免此，但已是末路了，非其主流。何休是今文学派大师，不同于古文学派，也不同于今古合流的郑玄，因此他们之间，经常发生争论，这种争论对于学术发展是有益处的。东汉末期，政治上日趋腐败，世族割据，农民起义蜂起，但学术事业颇为繁荣，这是战国百家争鸣后，又一个繁盛时期，就经学论，有不同学派之争鸣，形成所谓“汉学”，在经学外，汉末思想也是活跃的，为魏晋玄学开了先路。何休与郑玄曾经展开过激烈的争论。郑玄是汉末汉学大师，他的渊博的学识、求实的作风，为后代经师注疏事业建立下坚实基础，当然，汉学建树不仅郑玄一人，服虔、贾逵、郑兴、郑众、马融、许慎等都是。他们继承汉代经师传统，走向平实，以其渊博的知识，疏解中国经典，丰富了古经典内容，保存了中华文化，没有他们的成就，我们似乎没法谈古代华夏文明。清代朴学，继承了汉末传统，一反明末浮夸不实作风，走向平实，使汉学水平达到一个新高峰，但时代已变，朴学脱离现实更远，而公羊复兴，于是维新变法之声起，《公羊》为清末改革者立法矣。

何休是坚定的今文经学者，曾著有:《公羊墨守》《左氏膏肓》《穀梁废疾》等书，用以鼓吹《公羊》，批判《左》《穀》。于此郑玄反驳而著:《发墨守》《箴膏肓》《起废疾》等书，针锋相对。何休看到这些书后，慨叹道:“康成入吾室，操吾戈，以伐我乎!”(《后汉书·郑玄传》)“入室操戈”遂为学术论争中之佳话。但因他们的学派不同，理论各异，彼此之间缺乏共同语言，因而争论侧重于考辨史实。公羊学虽富于理想，长于历史哲学的发挥，但有时未免曲解史实以附会他们的理论。郑玄则是一位渊博的学者，因为学识渊博，所以在史实争辩中可以左右逢源，何休遭遇到学术上的硬敌，以致有“入室操戈”之叹!

在《左氏膏肓》中，何休曾经抨击《左传》隐公元年“春王周正月，不书即位，摄也”的理论说:

古制诸侯幼弱，天子命贤大夫辅相为政，无摄代之义。昔周公居摄，死不记崩。今隐公生称侯，死称薨，何因得为摄者。

何休反对鲁隐公居摄说，以为《公羊》无居摄义，因为隐公“生称侯，死称薨”，乃正式即位，非居摄者。郑玄针对何休的议论，加以驳斥，说：

周公摄政，仍以成王为主，直摄其政事而已，所有大事，禀王命以行之，致政之后，乃死。故卒称薨，不记崩。隐公所摄，则位亦摄之，以桓为太子，所有大事，皆专命以行。摄位被杀，在君位而死，故生称公，死称薨，是与周公异也。且《公羊》以为诸侯无摄，宋穆公云：“吾立乎此，摄也。”以此言之，安得非《左氏》。（《箴膏肓》）

郑玄举出几点理由：①周公摄政，仍以成王为主，摄政而不摄位；鲁隐公摄政亦摄位，所有大事皆专命以行。②周公致政而后死，不死于摄政，所以卒称薨，不记崩；鲁隐公在位而死，故生称公，死称薨。③当时诸侯有居摄义，宋穆公云云，可以为证。就上述争论来评论，何邵公是以史实迁就《公羊》，有歪曲处，郑康成的说法据史实为证，无曲解处，是朴学本色，邵公于此有“入室操戈”之感矣。

何邵公还有曲解史实的例子，如关于季武子作三军。《左传》襄公十一年云：

> 季武子将作三军……三分公室而各有其一。

这是鲁国的大事，等于后来的三家分晋，田氏夺齐，虽然他们还没有废除鲁公，但这是卑公室而不是尊公室，《左传》也没有说这是“尊公室”，但邵公说：

> 《左氏》说云，“尊公室”。休以为与“舍中军”义同，于义《左氏》为短。（《箴膏肓》引）

这完全不是事实，所以郑玄驳斥说：

> 《左氏传》云“作三军，三分公室，各有其一”，谓三家始专兵甲，卑公室。云《左氏》说者“尊公室”，失《左氏》义远矣。（《箴膏肓》）

郑玄即以《左氏》做证，指出这是何休的曲解，失《左氏》义。又《公羊传》桓公十一年有“古者郑国处于留”的记载，郑玄说：

郑始封君曰桓公者，周宣王之母弟，国在宗周畿内，今京兆郑县是也。桓公生武公，武公生庄公，迁易东周畿内，国在虢郐之间，今河南新郑是也。武公生庄公因其国焉，留乃在陈守之东，郑受封至此适三世，安得古者郑国处于留，祭仲将往省留之事乎？(《发墨守》)

以上是相当精彩的考据小品，置之清人朴学集中毫无逊色。虽然结论并不正确，但方法正确，而何休一派的今文家言，有时曲解史实，一直到清末的康有为先生仍然如此，我们敬爱的古史辨派，执今文家言，亦有此弊。历史学派而不顾历史事实，所以他们的理论有精华亦有不可取处。对郑玄的抨击，何休无法作答，何休实际上也结束了早期的公羊学派。

何休是为前期公羊学派作总结的人，如今我们可以为何休的公羊学作总结了。自战国至东汉末，公羊学有了许多变化与发展，积累了许多义法、公式。但后来的公羊学随着社会的发展与演变，违背了过去的义法，过去的义法亦脱离了当时的现实，因此何休有时进退失据，因此歪曲事实，曲解历史，变作公羊学派一种消极作风。先秦公羊学本来是新兴地主阶级思想意识的反映，而新兴地主阶级和过去的宗法贵族有千丝万缕的关系，因此公羊学派的历史哲学能向前看，但有时回顾，未免徘徊于两者间，法后王而好古。西汉社会所创造的现实，适当地解决了公羊派的矛盾观点，这时实现了他们向往的大一统，而今文经学派也取得了经师中的正统地位。东汉社会发展到一个更新的阶段，世族地主出现了，新兴力量变作旧的堡垒，原来公羊所鼓吹的大一统，有被抛弃的危险了，因为世族豪门都是割据诸侯的候补者。《白虎通》的出现，使公羊学走上背叛自己的路。于是早期公羊学处于日暮途穷的境地，何休就是在这种情况下作《公羊春秋》义法的总结，这总结脱离了当时的社会实际，因而只能是书面上的总结，无现实意义。不过他究竟保存了公羊学派的精华，这是在我国古代少有的历史哲学，在后来的长期封建社会内，当地主阶级无路的时候，他们又想到公羊，想到何休。清代乾嘉以来，公羊学派复兴的原因，根源在此，他们找到了公羊，找到何休的总结，但这种寻找并不是坦途，乃是：

众里寻他千百度，蓦然回首，那人却在灯火阑珊处！

宋儒之“春秋学”

七.

（一）

汉末在何休时代，今古文经学合流，而佛教传入，道教形成。儒家经学在思想意识方面已不能发挥巨大作用，逐渐从统治思想地位退而潜流于野；于是经师变作人师，无论其社会地位如何、信仰如何，入手教育总是自儒家经学开始。以此在魏晋南北朝时期，佛、道俱有大师，而儒家经学虽不寂寞，却步入训诂注疏，沿汉末服郑的道路前进。所谓“南学简约，得其英华；北学繁芜，穷其枝叶”者，盖南学承玄学流风，北学袭服郑余荫。经学注疏，短于思想而长于名物制度，但亦为唐宋经学之“正义”工作奠定基础。儒、佛、道虽然分流，但思想交浸，而南学本有玄思，于是在唐宋经解中，渗透佛玄思想，遂有理学之萌芽。理学由萌芽而结硕果，于是中国哲学再次出现高峰。哲学家之永恒课题，不外：①天人之际；②人人之际。盖人类生存于世，依托于自然，所谓“认识”，所谓“本体”，不外人类对于自然本体的认识过程，二十世纪的哲学，我们的新理学、新唯识，外国的存在主义，都是如此。而人人之间，构成社会，小国寡民是社会，大一统的天下也是社会，人是自然人也是社会中人，如何处理人际关系，是“人人之际”。天人之际发展成自然科学，认识自然是基础理论，改造自然是应用科学。而人人之际发展成社会科学，历史学是研究人际关系的历史，通过人际关系的历史来认识人际关系，改善人际关系，就此而论，历史学是基础理论，也是应用科学。无论天人，无论人人，它们的关系都在发展中，发展即时间，没有时间没有发展，没有发展就不存在一切，存在主义也就不存在了。时间是历史，而中国古史，统名《春秋》，所谓“诗亡然后春秋作”，即史诗亡而史书兴起，两宋时期又是“春秋学”的鼎盛时期。

两汉是中国经学的鼎盛时期，两汉经师变天人之际为天人感应，于是阴阳灾变说兴而少哲学上探讨。今文经学，公羊学派遂欲统一天人，而倡大一统学说。《春秋经》：隐公元年有云：

元年春，王正月。

而《公羊传》云：何言乎王正月，大一统也。以“王正月”表示为天人之一统，故自天文历法起。天人一统当然包括人人一统在内，此为儒墨两家之共有义，墨子“兼爱”，未尝与人际关系之大一统无缘，而儒家自孔子起，虽以宗周为一统象征，但不排斥四夷，虽然他盛称齐桓管仲之霸业，以为“微管仲，吾其被发左衽矣”，但不鄙视夷狄，而有“夷狄之有君，不如诸夏之亡也”之叹！《公羊春秋》发挥孔子义，辉煌无垠，遂多非常异义可怪之论。而其论夷狄、诸夏、中国为可变因素，非不变之僵化实体，夷狄而可进于爵，中国可以退为夷狄。是夷狄、诸夏、中国之内涵定义为政治文化，而非种族或民族之分歧，无狭隘之民族概念，坦荡胸怀，于是《公羊》之大一统学说，遂照耀千古，为《公羊》之最盛义，以是吾人谓《公羊》义不俗，乃中华民族文明之精华所在。

宋儒长于思考，理学家出，更使中国哲学思维达到高峰，他们注意天人之际而谈“理”，“天理”即自然法则，认识自然法则是自然科学基础。中世纪，无论中外，哲学思维止于直觉与经验，直觉变为理性，而认识来自经验，此即朱陆两派认识论与本体论之不同，亦即欧洲大陆理性主义及英伦经验判教之所由分。宋儒理学有精华，有糟粕，但我们始终认为宋代大程一派的理学有特长，他们以天道（亦即自然）为诚为仁，因而有生有长，宇宙是一个生气勃勃的世界，因为是一个既诚且仁的世界。诚则有物，而仁是物之本质，有仁则生，无仁则灭；由此发展遂有近代之自然科学。但后来理学未能沿此发展，而往返于理气之含混概念中，理无可捉摸，气不能实验，止于概念，而外人已在原子及引力之探索中发展为近代科学，我们的理气停于中古，他们的原子引力走向近代，于是中外之科学界遂有中古与近代之别；在过去几百年我们落后了一个历史世纪，就是他们进入近代我们停在中古。

在人际关系上理学家更以所谓“三纲五常”加诸人，并说历史。纲常是“君君、臣臣、父父、子子”之说的发展，本义在维护封建社会秩序，但社会在发展而纲常不变，以不变应变，于是纲常化为社会发展阻力。但宋儒见不及此，遂以纲常绳人际，并以说历史，于是宋儒之春秋学遂多理学家之思想内容。近来出版的《宋明理学史》于宋初理学家《孙复思想》中，指出：“需要建立一种以大义名分进行善恶褒贬的理论体系，凡是违反了封建社会等级名分和道德伦理规范的，都要按照一定的褒贬书法，一一宣布其罪状。孙复说，‘春秋之义，非天子不得专杀，专杀之柄，天子所持也。但是弑逆之人，诸侯皆得杀之。因为称人以杀，讨乱贼也’。孙复在当时以讲《春秋》著称，他认为孔子著此书的中心思想，就是要正大义名分，‘专其笔削，损之益之，以成其大中之法’。他在《春秋尊王发微》第一卷开宗明义解‘元年春，王正月’。明确地说，‘孔子之作《春秋》也，以天下无王而作也，非为隐公而作也’。他认为‘无王’的表现是，周室东迁以后，诸侯强大，大夫专权，周天子号令成为一纸空文，西周传统的礼乐被破坏。针对此，孙复又说，‘春秋自隐公而始者，天下无复有王也。夫欲治其末者必先端其本，严其终者必先正其始。元年书王，所以端本也，正月所以正始也’。这就是孙复所谓‘尊王’的意义。在书中他列举许多事例说明怎样才能做到'尊王'，使诸侯和大夫不致无大小尊卑之分而任意破坏礼乐的传统制度。正因为如此，欧阳修说孙复的这部书对于治道多所发挥，针对性强。这大约就是宋代重视春秋学的一个主要原因吧!"(《宋明理学史》第38页)

上面解释是正确的，宋代"春秋学"的确发达，这不仅表现于关于《春秋》本身书法的探讨及发挥上，而且涉及整个历史学。因此宋代历史学也是中国历史上最为发达时期，欧阳修之《新唐书》《新五代史》，司马光之《资治通鉴》，朱熹之《资治通鉴纲目》，都是"春秋学"的发挥，他们都是以自己的"大义"加之于过去的历史，《通鉴》作者云不敢续《春秋》，认为《经》不能续，而后人遂以《通鉴》为续《左传》，而《资治通鉴纲目》为续《春秋》，是为先传后经。宋代学者之所以出现"春秋热"，重要原因是:

1. 以历史（主要是《春秋》）来说明理学理论，即以历史证自己的理论，并用自己的理论规范历史，使历史规范化。

2. 强调尊王攘夷，以明纲常。东周天子之所以不尊，一是诸侯强大，王纲已坠，二是四夷纷起，威胁"中国"，所谓"南夷与北狄交，中国不绝若线"。故尊王必须攘夷而倡大一统。但两宋，尤其是南宋，迫于形势，实非一统而偏安，于是变大一统为正统，正统为大一统之别称，实不能一统而文一统，遂倡正统，以为宋虽非大一统国家，实为正统。

故孙复亦以为尊王在于攘夷，在《春秋尊王发微》卷五，僖公四年，“楚屈完来盟于师，盟于召陵”下云：“此合鲁卫陈郑七国之君，侵蔡遂伐楚。书爵者，以其能服强楚攘夷狄救中国之功始著也。故自是征伐用师皆称爵焉。夫楚夷狄之钜者也，乘时窃号，斥地数千里，恃甲兵之众，猖狂不道，创艾中国者久矣。威公帅诸侯一旦不血刃而服之，师徒不勤，诸侯用宁，讫威公之世，截然中国无侵突之患，此攘夷狄救中国之功，可谓著矣。故孔子曰：‘管仲相桓公霸诸侯，一匡天下，民到于今受其赐，微管仲，吾其被发左衽矣。’是故召陵之盟专与威也。孔子揭王法，拨乱世，以绳诸侯，召陵之盟专与威者非他，孔子伤圣王不作，周道之绝也。夫《六月》《采芑》《江汉》《常武》美宣王中兴，攘夷狄救中国之诗也，使平惠以降，有能以王道兴起如宣王者，则攘夷狄救中国之功在乎天子，不在乎齐威管仲矣，此孔子所以伤之也。”后面这些评论，是孙复的猜想或者曲解，原文并没有“孔子伤之”之意，孔子只是在赞赏，孔子在赞美齐之霸业，在赞美管仲之功，没有他们，中国将失去传统的文明，故云：“微管仲，吾其被发左衽矣。”孔子在维护宗周之一统，故云“元年春，王正月”，《公羊》引申云，大一统也。尊王，但王室不振，故搏而救之于霸，仲尼之徒固多道桓文之事者。“孔子伤之”之说，乃孙氏之深文周纳，“深文周纳”乃当时言《春秋》者之法门，以此表示《春秋》之微言大义，孔门游夏之徒不能赞一辞，况后人乎！于此，朱熹不愧大师，不作凿空之论，依儒家说更作《春秋》，是为《资治通鉴纲目》，以免无的放矢之苦！

孙复在著作中，强调攘夷救中国。“攘夷”与“尊王”联结一起，即外攘夷狄，以救中国。但在孔子以至《公羊》，不以夷狄、诸夏、中国为固定概念而不可变者，夷狄可进于爵变为中国，中国亦可退为夷狄，标准是文化与文明。宋人之夷狄已是固定概念而有所指。迫于当时具体情况，自北宋初，宋王朝即受强邻的威胁，愈演愈烈，而有靖康之变，南宋偏安，更迫于金，宋高宗几于儿皇帝，朝廷屈辱，而民间抗争，儒家之尊王攘夷，实群众呼声。在封建专制时代，思想家仅能以历史影射现实，于是有胡安国之进《春秋传》。宋人遂抛弃原有《三传》，而另创新义，以己意解《春秋》，发尊王攘夷之说，即抗金以救南宋也。北宋尚不至此，但亦以己意说《春秋》而发挥其所谓“微言大义”，但“微言大义”来自《公羊》，不用《公羊》，亦不能摆脱《公羊》。

北宋稍后于孙复而致力于《春秋》之学者，有经学家刘原父敞，他著有《春秋传》、《春秋权衡》及《春秋意林》

等书。清初纳兰容若在《春秋传序》中说，“庆历间欧阳文忠公以文章擅天下，世莫敢抗衡，刘原父虽出其后，以通经博学自许，文忠亦以是推之，作《五代史》《新唐书》，凡例多问《春秋》于原父”。又曰，“原父为《春秋》知经而不废传，亦不尽泥传，据义考例以折衷之，经传更相发明，虽间有未然，而渊源已正”。并说《春秋权衡》“折衷三家，旁引曲证，以析经义，真有权之无失轻重，衡之得其平者”。容若之说来自徐乾学，是知清初博学者于原父“春秋学”评价颇不低。北宋前《春秋经》只有三传流传，《左传》长于史，《公羊》多非常义，而《穀梁》史不如《左传》，义不如《公羊》，虽有誉之者，但无作用。魏晋以后循经传作注疏，章句之学而已。时至北宋，理学家兴起，不重三传而于本经推敲，遂多新传及新义，是为“春秋学”之复兴时期。

原父虽云折衷三传，但于三传俱有讥评，如云，“公及邾仪父盟于蔑。传云，未王命故不书爵，曰仪父，贵之也。非也，诸侯本不得忘盟，盟亦何善哉！乃虞见贬，何贵之有。丘明未尝受经，见仪父称字，心固怪之，又颇闻仲尼立素王之法，遂承其虚说，不复推本道理，直曰‘贵之’云。且是事也，三传皆曰贵仪父，故字之。唯《公羊》以《春秋》当新王，故其说似有理者，而亦终不可通。至于《左氏》《穀梁》乃未有可贵之道也”。是于《春秋》三传，都有指责，而评《左氏》必及杜预注，于是原父云："今欲成杜氏说耶？欲从《春秋》耶？必有《春秋》，必无杜氏；必有杜氏，必无《春秋》。"（以上均见《春秋权衡》卷一）必有必无，绝对排中，杜氏可无而无碍于《春秋》，必无《春秋》则无经必无传，无传必无注，何有于杜预哉！原父究竟知《公羊》者，故云，"《公羊》之所以异二传者，大指有三：一曰，据百二十国宝书而作。二曰，张三世。三曰，新周故宋，以《春秋》当新王"。自东汉何休后，能注意《公羊》三世说者已不多见，清人孔广森、刘逢禄开始有所发挥，而康有为光大之。原父虽注意此说实亦不解，他曾经说：

> 又所谓张三世者，本无益于经也。何以言之，《传》曰"所见异辞，所闻异辞，所传闻异辞"。则是言仲尼作《经》，托记传闻而已。说者乃分裂年岁，参差不同，欲以蒙浈其说，务便私学。（《春秋权衡》卷八）

以三世说为孔子作经，因年代不同而有不同之传闻，无非常异义，仅以此论三世，原父说或可取，但结合其他大义，则"三世"说应有广泛含义，原父尚难理解。后来清人于此有所发挥，但孔广森亦非正统，刘逢禄出遂谈经夺席。

原父进而谈“新周故宋”：

> 又所谓新周故宋，以“《春秋》当新王”者，亦非也。圣人作《春秋》，本欲见褒贬是非，达王义而已。王义苟达，虽不新周，虽不故宋，虽不当新王，犹是《春秋》也。圣人曰，不怨天，不尤人，知我者其天乎，今天不命以王天下之任，圣人因怼而自立天下之文，不可训也。且周命未改，何新之说。……即不足以辅经，而厚诬圣人，不亦甚乎！说者又谓，“作《春秋》者为汉制”。迷惑谶书，以伪为真。……今而视之，而不掩口笑也，几希矣。又曰，变周之文，从殷之质。夫《春秋》褒贬本也，文质末也。……居周之世，食周之粟，抎合其爵……抎易其时……岂仲尼所谓“非天子不制度、不议礼、不考文者乎”！此不可通之尤者，而儒者世世守之，意乃欲尊显仲尼而不知陷于非义也。虽然为章句者则守之矣，为道者则未之守也。（《春秋权衡》卷八）

“新周故宋”以“《春秋》当新王”，与“张三世”说，同为说《春秋》者说，是否《春秋》原义，可见仁见智。孔子本人并无以《春秋》当王义，为汉制法，亦后人附会。

但《公羊》说实为中国历史哲学之精华，假《春秋》立说，东周以后，无王，非无王也，无大一统之王，故以《春秋》当新王，“春秋”隐公元年“春王正月”，首倡大一统，而隐公不能当王，周天子不能当王，遂以“春秋”当王。大一统者王，“春秋”倡大一统，故“春秋”当王。此为公羊学派之非常异义，源自孔子之以宗周为王，不贬四夷，因演为大一统说。东周以后非一统，秦一统而短命，汉立国后，武帝尊儒术而攘夷，足为大一统之负荷者。前此，文为一统而实不一统，故云《春秋》为汉立法，语虽荒诞，但倡此义者，假《春秋》以倡一统，汉大一统矣，遂以《春秋》与汉合，而说《春秋》为汉立法。原父不解《公羊》，遂有误解，但原父究为宋人首先注意《公羊》之大义者。

《公羊》讲“权”，于不可变易之“经”外，注重“权”，有经无权，则使大义凝于一点而无回旋余地。此义实与“文不与而实与”之说有相同处，“文不与”是经，在形式上不能变通，而实际上可变，“实与”是权。经与权合，文与实并，遂使《春秋》义法，灵活多变。世无不变之事实，事实在变，根据事实归纳之定理，随之而变，故实变在先，而文变在后，此为经必从权之逻辑必然，原父于此有所发挥道：

十有四年（僖公）春，诸侯城缘陵。缘陵者

何？杞之邑也。曷为城之？封杞也。曷为不曰城杞？不与封杞也。曷为不与？实与而文不与。文曷为不与？诸侯之义不得专封也。诸侯之义不得专封，则其曰，实与之何？上无天子，下无方伯，天下诸侯有相灭亡者，力能救之则救之可也。（《春秋传》）

此亦《公羊传》原有义。《公羊》僖公十四年传："十有四年春，诸侯城缘陵。孰城之？城杞也。曷为城杞？灭也。孰灭之？盖徐莒胁之。曷为不言徐莒胁之？为桓公讳也。曷为为桓公讳？上无天子，下无方伯，天下诸侯有相灭亡者，桓公不能救，则桓公耻之也。然则孰城之？桓公城之。曷为不言桓公城之？不与诸侯专封也。曷为不与？实与而文不与。文曷为不与？诸侯之义不得专封也。诸侯之义不得专封，则其曰，实与之何？上无天子，下无方伯，天下诸侯有相灭亡者，力能救之则救之可也。"原父稍易其文而守其义。《公羊》于僖公元年、二年、十四年，文公十四年，宣公十一年，定公元年，都有类似发挥。时上无天子，下无方伯，一统天下，名实俱亡，有能出而维护秩序，救亡抗暴，内诸夏而外夷狄者，实赞许之，但原则上是不能赞许的，诸侯固不得专封。文不与是经而实与是权，行权者圣而守经者贤。

《公羊》倡“尊王攘夷”，宋代《春秋》贤者，无不加以发挥。盖两宋始终在四夷交侵中。《公羊》尊王，但王纲已坠而不尊，于是以《春秋》当新王，原父虽有异议，但亦倡尊王，云：

> 十有三年（文公）春王正月。……自正月不雨至于秋七月，世室屋坏。世室者何？鲁公之庙也。周公称太庙，鲁公称世室，群公称宫。……周公何以称太庙于鲁，封鲁公以为周公也。周公拜乎前，鲁公拜乎后，曰：“生以养周公，死以为周公主。然则周公之鲁乎！曰，不之鲁也，封鲁公以为周公主。然则周公曷为不之鲁，欲天下之一乎周也。”（《春秋传》）

周公不之鲁而居周，乃“欲天下之一乎周”，“一乎周”是以周天子为大一统主，夷狄而进于爵，天下太平。原父于此持《公羊》义，以夷狄为可变者，夷狄可以进为中国，中国可以退为夷狄。他曾于《春秋传》昭公十二年下，指出，“晋伐鲜虞，其谓之晋何？夷狄之也。曷为夷狄之？其为师之道于此焉，以夷狄为之也”。晋姬姓国，宗周本族而谓之夷狄，因用师无道而致此；是诸夏退而为夷狄。又《春秋权衡》卷十三说：

二十三年（昭公）吴败蔡胡沈顿之师。《公羊》曰："此偏战也，曷为以诈战之词言之？不与夷狄之主中国也。然则曷为不使中国主之？中国亦新夷狄也。"非也，此欲自文饰其短尔。按，战者凶事，非礼让之事，就令夷狄主之，又何不得，而《春秋》不肯乎！又夷狄所以为夷狄者，正以狡诈无义尔。中国所以为中国者，亦正以礼义尊尊尔。今《春秋》所以退中国不使主战者，以其不为中国之行也。而夷狄能结日偏战，不为狡诈，何故不得主中国乎！中国有恶则不得进，狄有善又不得进，岂褒贬之指哉！且王室乱，非蔡、胡、沈、顿所能任其爱也，何故夷之为夷狄乎？故于吴则没其偏战之善，而诬以诈战之恶，于中国则罔以夷狄之行而强诋以罪。此敝由日月为例也，试不用日月之例，则战自战，败自败，了然分矣。

原父不主昭公二十三年《公羊》吴败蔡、胡等国之义，以为中国有恶不进，夷狄有善亦不进，进退失据，非褒贬之指。但原父之大义，亦取自《公羊》，所谓"《春秋》所以退中国不使主战者，以其不为中国之行也。而夷狄能结日偏战，不为狡诈，何故不得主中国乎"！此《公羊》进退中国、夷狄之义，中国有恶则退为夷狄，夷狄有善则进为中国；中国、夷狄可以互易，以礼义为之准绳。礼乐文明是大一统的文明，天下一统于礼乐，是谓之为大一统，民族之间无差别境界，无种族之分，仅文野之别，“先进于礼乐，野人也”，野人为殷遗氏，国人为周贵族，并不因贵族身份及民族区别而混淆其文野。

两宋理学大师多尊《春秋》而纳之于理学范畴，最著有程颐、胡安国及朱熹，下面将有论述。如今论述左绵赵鹏飞之“春秋学”。清初纳兰容若为赵之《春秋经筌》序曰：

> 《春秋》之传五，邹氏无师，夹氏未有书，列于学官者三焉。《汉志》二十三家，《隋志》九十七部，《唐志》六十六家，未有舍三传而别自为传者。自啖助、赵匡稍有去取折衷，至宋诸儒各自为传，或不取传注，专以经解经，或以传为案，以经为断，或以传有乖谬，则弃而信经；往往用意太过，不能得是非之公。呜呼，圣人之志，不明于后世久矣。盖尝读《黄氏日抄》，见所采木讷赵氏之说，恒有契于心焉。……善哉木讷子之言乎！善学《春秋》者，当先平吾心，以经明经，而无惑于异端，则褒贬自见。

纳兰师徐乾学，以上序道出宋人“春秋学”之特色，唐以前未有舍三传而自为传者，唐人啖助、赵匡，于三传始有去取折中，至宋人则舍三传而各自为传，不取旧传，以经解经；或以传为案而以经为断；或以传有乖谬，则弃传而信经。结果，往往用意太过，不能得是非之公。所论先当，宋儒太过在于信《春秋》过深，以为其中有微言大义，游夏之徒不能赞一辞，于是“用意太过”，即深文周纳，一字一褒，一字一贬，孔子似无暇为此者，此朱子之所以因《通鉴》而作《纲目》，一如孔子之因旧史而修《春秋》。《春秋》非断烂朝报，有书法，先秦史家都有一定法规，故孔子云，“知我者其惟春秋乎，罪我者其惟春秋乎”。知我罪我，亦以有书法在也，但非如宋人所想。

赵氏之《春秋经筌》于三传注训，独取《穀梁》之范宁。他说：“三传固无足据，然公吾心而评之，亦时有得圣意者。若何休庇护其学，吾未尝观焉，唯范宁为近公。至于论三家则均举其失，曰：‘失之诬，失之俗，失之短’，不私其所学也。其师之失，亦从而箴之，故穀梁子之传实赖宁为多。”既主范宁而及《穀梁》，而去书法乃取自《公羊》，如桓公十八年，春王正月，云：

> 孔子非史官，聊寓之于《春秋》，故先虽死，终戮尸于黄壤而不赦，此《春秋》之法也。故曰：“罪我者其惟《春秋》。《春秋》天子之事也。愚因

是而知《春秋》之书法，非时王也，夫子自任也。”

非天子不议礼、不制度、不考文，书法兼三者而有之，乃天子事。但赵氏以为立书法者非时王，乃孔子自任之。孔子自任王者事，是孔子自任为王，汉人有孔子为素王说，即非王而任王者事为素王。此义非《穀梁》所能有，范宁虑不及此，长于此道者，乃《公羊》与何休。若然，赵氏口虽云《穀梁》范宁，心实在《公羊》与何休。《公羊》多非常义，其论经、权，亦不寻常，赵氏亦发挥此义，曰：“圣人治天下之道不外于《大学》《中庸》；《大学》《中庸》皆修内者也；修外者圣人所不录。然于《春秋》若予威公者权也。于《春秋》而不予威公，则天下其胥为夷乎！孔子予之，而孟子鄙之。孔子予之，权也；权以济时为重。孟子鄙之者，正也；正以垂万世之法。孔孟相济，后世可鉴焉。不相济不足为孔孟。”（《春秋经筌》卷七）王者内修而守经，霸者外修而达权；此常人之理解，而赵氏以为，齐桓霸业，孔子许之，乃孔子之达权，无齐桓管仲则吾人被发左衽矣。而孟子鄙桓、文则为孟子之守经。经与权合乃孔孟之相济。而贤者守经，圣者达权！

赵氏又取《公羊》义而倡大一统，《春秋经筌》定公元年，《春王》下云：

群公之元年，不以有事无事，皆书“王正月”，谨始也。岁之终，天子颁来岁之正朔于诸侯，诸侯受而行之，所以尊王室而大一统也。王室既微，正朔之颁与否，固不可知，而天下诸侯实用周正，无改也。《春秋》不从其不颁而废一统之义，故于元年必书“王正月”焉。此《春秋》所以行天子之权欤？

以《春秋》书《元年春王正月》，为大一统，乃《公羊》义，今赵氏从之。大一统有广、狭义，最广义为天人之一统，其次为夷狄进于爵，夷夏之一统，再次为诸侯奉正朔，形式上之一统。天王颁正朔，诸侯行之，乃大一统之再次义；但有此一统亦胜于无。

大一统必尊王，否则，何谓“一统”？“尊王”赖有强大之王朝中央，中央在过去即指中国，反对或敌视中国者为夷狄，故尊王必攘夷。依《公羊》义，王者无敌，无敌故王者乃大一统。但春秋时代，王者弱小，沦为诸侯，《春秋》书法，亦只能“文无敌于天下而实弱小”。赵氏于此云：

王者无敌于天下，王灵不振，动而取败，无敌之势微矣。而《春秋》尊王之书，不以其势微，而废无敌之义，故每避就其文，以存其义。王师伐戎，为戎所败，而圣人不与戎之败王师也。书曰，“王师败绩于茅戎”。若王师之自败焉，所以存周室也。不书战，见王者无敌。不地，以志天下皆王土。其尊王也，至矣。尊王所以责天下，不能敌王忾也。(《春秋经筌》卷十)

王者无敌于天下而为戎所败，但《春秋》上“王师败绩于茅戎”，若王师之自败。自败、他败都是败于人而非胜，所谓“王者无敌”，乃空谈，而书法如此。以空谈书法，状王者无敌，故王者乃《春秋》而非周天子，但《春秋》来自孔子，孔子代周王立法，而非王，故云“素王”。宋人谈经不主三传，但谈义法，又不能回避《公羊》，此亦“文不与《公羊》而实与之”。《公羊》固俎豆千秋也。

《公羊》富于大义，而大一统及“尊王攘夷”为其要义。时至南宋，迫于形势，谈《春秋》者众，胡安国、朱熹为其最著者，此外，在绍兴中有关郡叶梦得，梦得亦有《春秋传》，此固北宋之传统，欲扬《春秋》而抛弃三传。叶氏之《春秋传序》云：

自孔子没而三家作，吾不知于孔子亲闻之欤？传闻之欤？至于今千有余岁，天下之言《春秋》者惟三而已。孟子不云乎，“其事则齐桓、晋

> 文，其文则史”。而子之自言，则曰“其义则丘窃取之矣”。夫《春秋》者史也，所以作《春秋》者经也。故可与通天下曰事，不可与通天下曰义。《左氏》传事不传义，是以详于史而事未必实，以不知经，故也。《公羊》《穀梁》传义不传事，是以详于经而义未必当，以不知史，故也。由乎百世之后，而出乎百世之上，孰能覆事之实而察义之当欤？唯知《春秋》之所以作为天下也，为后世也。其所自比者天也。其所同者尧、舜、禹、汤、文、武、周公也。

《公》《穀》《左》三传各有所失，故另作新传以说经，在学术上为进步，徒守旧章，永无新路。在哲学上为创举，以历史说义理，重新论天人之际。过去儒家本以《易》与《春秋》代表天人，如今以《春秋》代表天人合一。叶石林以《春秋》为孔子作《天书》；此外有所发挥，亦不能自外于《公羊》，如云，“《春秋》之义，或与其文，或与其实，楚丘之城非不善，而文不得许其专；吴子之聘未必善，而文不得与其进”，此实自《公羊》之“文不与而实与”处来。

稍后有陈傅良之《春秋后传》。陈氏申《左》，故又有《左氏章指》，南宋宁宗开禧三年（公元1207年）楼钥序《春秋后传》云：

先儒以例言《春秋》者，切切然以为一言不差；有不同者，则曰变例，窃以为未安。公之书不然，深究经旨，详阅世变，盖有所谓隐桓庄闵之《春秋》，有所谓僖文宣成之《春秋》，有所谓襄昭定哀之《春秋》。始焉犹知有天子之命，王室犹甚威重；自霸者之令行，诸侯不复知有王矣。桓公之后，齐不竞而晋霸；文公既亡，晋不竞而楚霸，悼公再霸而又衰，楚兴而复微，吴出而盟诸夏，于越入吴而春秋终矣。自杜征南以来，谓平王东周之始王，隐公逊国之贤君，其说甚详，而公以为不为平王，亦不为隐公，而为威王，其说为据依。……

齐桓公卒，郑遂朝楚，夏之变夷，郑为乱阶，侵蔡遂伐楚，以志齐桓之霸；侵陈遂侵宋，以志楚庄之霸，足以见夷夏之盛衰矣。……首止之盟，郑伯逃归，不盟则书，以其背夏盟也；厉之役，郑伯逃归不书，盖逃楚也。夷夏之辨严矣。自隐公而下,《春秋》治在诸侯；自文而下，治在大夫。有天下之辞，有一国之辞，有一人之辞。于干戈无不贬，于玉帛之使则从其爵，劝惩著矣。文十年而狄秦，又三十年而狄郑，又五十余年而狄晋。狄郑犹可也，狄晋甚矣。贬不于甚，则于事端，余实录而已矣。此皆先儒所未发。

傅良不与《公羊》而用“三世”义，有所谓隐桓庄闵之《春秋》，僖文宣成之《春秋》，襄昭定哀之《春秋》；此亦三世，但无《公羊》三世义之辉煌。《公羊》三世，后来与《礼运》结合，遂使大一统义，更富理想，有无穷义。陈氏说三世，说明当时历史之发展，盖“自隐而下，治在诸侯；自文而下，治在大夫”。政权下移，说明新兴力量之起。而以为夏之变夷，郑为乱阶，且狄郑、狄晋，诸夏可变为夷狄，夏夷为可变，仍《公羊》义。虽然义取《公羊》，傅良固申《左》者。楼氏序中指出，“若《左氏》，或以为非为经而作，惟公以为著其不书，以见《春秋》之所书者，皆《左氏》之力。《章指》一书，首尾专发此意。……公之《章指》，谓‘君子曰’者，盖博采善言礼也者。盖据史旧闻，非必皆合于《春秋》。或曰后人增益之，或曰后人依效之，或以凡例议浅而不取，或以例非《左氏》意。盖爱而知其恶者，乃所以为忠也”。

《左氏》富于史实，而乏书法大义，所谓书法，凡例及君子曰者，都为今文学派所吐弃，傅良于此议论较平实，谓“君子曰”为博采善言礼者；其说良是。《左氏》原非《春秋传》，盖战国时代，有识文士，剪裁旧史以传《春秋》，而《春秋》有义法，为时人所知，于是《左氏》作者，博采旧礼说以为“君子曰”，当于后史之史评，与《春秋》经义，未尽合拍，但非刘歆之伪，一如今文派说。凡例，书法，不如“君子曰”之有据，乃《左氏》作者，以己意度《春秋》，未必与《春秋》合。其实《公羊》《穀梁》莫不如此，各以其所理解说《春秋》。《春秋》如能语,《公》《穀》面如土，传义不必经义，亦各有所见，正不必以此评论三传之是非。《春秋后传》及《左氏章指》此外无新义。

吕祖谦亦有志于《春秋》，虽无新传，但有集解，其《春秋集解》一书，遍引有关《春秋》诸家说，便于读者。清初纳兰容若曾为之序，其中引陈氏之《书录解题》云：“自三传而下，集诸儒之说，不过陆氏、两孙氏、两刘氏、苏氏、程氏、计氏、胡氏数家而已。其所择颇精，却无自己议论。”依《集解》体例说,“所择颇精”已是上乘，因其能收集重要材料，供后人研究。东莱于原有三传中亦重《左传》，盖历史书究系历史,《左传》于此乃中国古史之宝藏。他著有《左氏传说》、《左氏传续说》及《东莱左氏博议》等书。于《春秋》义法，少有发挥，而颇重历史事实之“体统源流相接”。他曾经说：

考《左氏》所载本末，可以观春秋天下大势，凡见于征伐会盟之间，皆诸侯自相为谋；盖当时之政自诸侯出，故也。自鸡泽、溴梁之会，大夫专盟，全不见诸侯言语，宋之一会，多是赵武等说话；大夫之事多见于传，盖当时之政自大夫出，故也。及春秋末后一节，陪臣执政，如阳虎，如仲梁怀，如公山不狃，如北宫氏之宰，如乐祁之陈寅，是时家臣事迹言语，多见于传，盖当时之政自陪臣出，故也。以三者观天下大势，可见政在诸侯，纵天子失权，然犹自可。政在大夫，纵诸侯失权，尚可整顿。到得陪臣名字见于书传，当时大势，亦自可知。(《左氏传说》卷十九)

以上本孔子说“天下有道，则礼乐征伐自天子出；天下无道，则礼乐征伐自诸侯出。自诸侯出，盖十世，希不失矣；自大夫出，五世希不失矣；陪臣执国命，三世希不失矣”。(《论语·季氏》)此亦之分春秋，谓当时政权之下移。孔子不解，宗法贵族之逐渐没落，政权下移的过程，而以为“天下有道，则政不在大夫；天下有道，则庶人不议”。这违反历史发展法则，东莱亦本之立说。谈《春秋》者不能漠视“尊王攘夷”，无论其主《左》、主《公》或主《穀》。东莱也曾经提出：

孔子之时，周虽衰，天命未改，先王德泽尚在，诸侯尚有尊王室之心，孔子出来，多说尊王，

> 至作《春秋》以尊王为本。到孟子时分周为东西，天命已改，孟子出来劝诸侯以王者，盖缘时节大不同了。大抵后世不考其时节不同，欲解说孟子不尊王，强取孟子一二事，终不能胜议论者之口。孔子时尚可整顿，天命未改；孟子时不可扶持，天命已去了。须如此看方公平。（《左氏传说》卷十七）

孔子、孟子评论春秋时事，意见不同，孔子仍尊周王，而孟子则拥诸侯为新王。东莱说有理，时至战国，周王已沦为附庸小国，绝不可能为大一统之国王，而新兴力量尚有可为，希望于诸侯为将来之新王。东莱亦倡攘夷，他曾经说："楚子之商臣为太子，令尹子上曰，'楚国之举，常在少者'。观此，见夷狄之与中国本不同，大抵中国之所以为中国，以其有三纲；夷狄之所以为夷狄，只缘无三纲。三纲者君臣、父子、夫妇也。……其上有天王而僭称王号，则无君臣之纲矣。立嫡以长而常在少者，则无父子之纲矣。息妫绳于蔡哀侯而息遂见灭，以息妫归，则无夫妇之纲矣。三纲既绝，此《春秋》所以降楚于夷狄也。"（《左氏传说》卷四）夷夏之别在于三纲，是为宋儒之新说，以伦理说历史，以历史证伦理，乃宋代"春秋学"之特点，有此特点遂使《春秋》义法有别于《公羊》，大一统乃纳四夷于儒家之伦理范畴内。

南宋理宗时，永嘉黄仲炎之《春秋通说》则直以夷狄比禽兽。他曾经说："昔者圣王之待夷狄也，盖有道矣。于其来也，接之而不伤义；于其叛也，讨之而不伤仁。山川之所限，风气之所移，夷狄蛮戎近于禽兽，奈何使与中国齐也。……自此义不明，而汉世人主，每以夷狄而病中国，往往卑辞䕃币，纳女结婚，于相与和亲之时；而暴兵沙漠，犁庭扫穴，于发愤行诛之日。故其来之则伤义，讨之则伤仁，失义与仁，不惟夷狄有所不服，而中国之分始卑，而力始困矣。此《春秋》之学，所以不可不讲也。"（《春秋通说》卷八）夷狄比于禽兽，但应待之有道，不伤仁义。时至宋末，外族交侵，国将不国，何以自处，实不能纸上谈兵，但当时亦只能作纸上空谈。仲炎有悚靖康耻之重来，往复于《春秋》之义，鲁襄公二十八年十二月"乙未楚子昭卒"下云：

> 《春秋》从逐君之例，于岁正月书，"公在楚"。所以著中国，外夷狄之义，明臣子忧君父之情，垂教于万世者笃矣。呜呼！使靖康之臣子能讲《春秋》之义，则安有乘舆北狩之原哉！（《春秋通说》卷十）

“靖康之耻”非讲《春秋》所能解脱者，但明于大一统义，此中国之所以能屹立于世界之林也。

（二）

《春秋》三传，自汉以后，立在学宫，传与经合，结为一体。魏晋以后，经师为之解说，注以解经传，而疏不破注。权威之地位既定，三传虽有今古之分，互相水火，其权威地位，从未动摇。但自唐代啖助、赵匡起，乃有异说，于三传俱有讥评，于是三传之地位，逐渐不稳。时至北宋，“春秋学”兴，理学家重视之，以其伦理讲历史，用历史证伦理。而当时四夷交侵，尊王攘夷之说，刻不容缓。思想家拟以《春秋》解重围，树纲常，三传旧义未能夺席，于是《春秋》新传新说数不胜数矣。

原来儒者学究天人，以《易》代表天道，而《春秋》谈人事;《易》与《春秋》遂为天人之学的代表经典。理学起后，究心于天理人欲之说，乃新的天人之学，重视《春秋》，过于往昔，理学家程颐、胡安国、朱熹俱有关于《春秋》的著作。程朱俱理学大师，只字片语都有作用。程颐曾有《春秋传》，虽未完成，亦具规模。他肯定《春秋》中多微言大义，但其记事简单，于简单之文字叙述中追寻百王不易之大法，实非易事，于是他说：

夫子当周之末，以圣人不复作也，顺天应时之治不复有也，于是作《春秋》为百王不易之大法。所谓考诸三王而不谬，建诸天地而不悖，质诸鬼神而无疑，百世以俟圣人而不惑者也。

先儒之传曰：游、夏不能赞一辞。辞不待赞也，言不能与于斯耳；斯道也，惟颜子尝闻之矣。后世以《史》视《春秋》，谓褒贬善恶而已，至于经世之大法，则不知也。《春秋》大义数十，其义虽大，炳如日星，乃易见也。惟其微言隐义，时措从宜者为难知也。或抑或纵，或与或夺，或进或退，或微或显，而得乎义理之安，文质之中，宽猛之宜，是非之公，乃制事之权衡，揆道之模范也。

夫观百物，然后知化工之神；聚众材然后知作室之用。于一事一义而欲窥圣人之用心，非上智不能也。故学《春秋》者，必优游涵泳，默识心通，然后能造其微也。后王知《春秋》之义，则虽德非禹、汤，尚可以法三代之治。自秦而下，其学不传，予悼夫圣人之志不明于后世也，故作"传"以明之，俾后之人通其文而求其义，得其意而法其用；则三代可复也。是《传》也虽未能极圣人之蕴奥，庶几学者得其门而入矣。

有宋崇宁二年癸未四月乙亥　伊川程颐序

“崇宁”为宋徽宗年号。以上所谓“《春秋》大义数十，其义虽大，炳如日星，乃易见也”，此炳如日星的大义，不知何所指，孔子没有说过，游、夏不能赞一辞，后人亦言人人殊。《左氏》大义见于《五十凡》，《公羊》大义见于何休总结，而《穀梁》少发挥；是以程氏之说亦难落实。而“其微言隐义，时措从宜者为难知也”，于难知处求大义，学者必须“优游涵泳，默识心通，然后能造其微”。这种功夫，优游涵泳，实近于理学家之修养功夫，以修养功夫体会《春秋》大义，是以《春秋》大义伦理化的结果。冶《春秋》义法与理学概念于一炉，为两宋“春秋学”之特色。但以此说《春秋》未免深文周纳，南宋理学大师朱熹，于此颇不同于小程。在理学上朱熹继承北宋二程、张载而集大成，但在“春秋学”上，朱熹表现了求实精神，不于平凡处求玄妙，无微言时求大义。他曾经说：

孔子作《春秋》以讨乱贼，则致治之法垂于万世，是亦一治也。当时鲁史，孔子取而笔削之，而其义大明。孔子亦何尝有意用某字使人知劝，用某字使人知惧，用某字有甚微辞隐义，使人晓不得足以褒贬荣辱人来。不过如今之史书，直书其事，善恶了然在目，观者知所惩劝，故乱臣贼子有所惧而不敢犯尔。（六人《春秋集传释义纲领》引）

程颐认为不能以《史》视《春秋》，而朱子以为《春秋》“不过如今之史书，直书其事，善恶了然在目”。看法完全相反。程子又说：“于一事一义而欲窥圣人之用心，非上智不能也。”朱子却说：“孔子亦何尝有意用某字使人知劝，用某字使人知惧，用某字有甚微辞隐义！”一个说《春秋》隐微处非上智不能窥其用心；一个说《春秋》平实如史书，无甚隐微难知处。理解不同，程颐遂据其所知作新传，而朱熹不复在《春秋》本书内穿凿，借《资治通鉴》以为传，本史法直书，作《资治通鉴纲目》以为经。

程颐别有《春秋传》，对《春秋》之“优游涵泳”而“造其微”的地方，盖有数端。

1.《春秋》“隐公元年，春，王正月”。程氏传云：

> 元年，隐之始年。春，天时，正月，王正。书“春王正月”示人君上奉天时，下承王正。明此义，则知王与天同大，人道立矣。周正月，非春也。假天时以立义尔。平王之时，王道绝矣。《春秋》假周以正王法。隐不书即位，明大法于怡也。诸侯之立，必由王命。隐公自立，故不书“即位”，不与其为君也。法即立矣，诸公或书或不书，义各不同。既不受命于天子，以先君之命而继世者，则正其始，文、成、襄、昭、哀是也。

继世者既非王命，又非先君之命，不书即位，不正其始也，庄、闵、僖是也。桓、宣、定之书即位，桓弑君而定，宣受弑贼之立，定为逐君者所立；皆无王无君，何命之受！故书其自即位也，定之比宣，则义有间矣。

程氏说“王与天同大，人道立矣”，所以周王称“天王”，此亦“尊王”之义。《春秋》隐公元年王正月之书法，《公羊》以为义在大一统，程氏则义在“尊王”。两者本为一事，大一统于周，尊周王而后有大一统。程氏义不远于《公羊》，但是否孔子修《春秋》原义，则“脏腑不能语，医师面如土”，孔子不言，《春秋》无论，后人固可以各有理解。桓公弑君而自立，宣公受弑君贼之立，定公为逐君者所立；既无王命，又非继统，而《春秋》书其“即位”何？程氏云：“书其自即位也。”同书“即位”而义各不同；同为“自即位”亦有书有不书：鲁隐公自即位，不书；桓公、定公自即位则书。义例不一，上下乖忤；程氏亦不能为之立论。诚如朱子云：“孔子亦何尝有意用某字使人知劝，用某字使人知惧……使人晓不得足以褒贬荣辱人来！”程氏之说亦只能“使人晓不得足以褒贬荣辱”。

2.《春秋》隐公“二年春，公会戎于潜”。程氏传云：

周室既衰，蛮夷猾夏，有散居大国者，方伯大国，明大义而攘斥之，义也。其余各国，慎固封守可也，若与之和好，以免侵暴，非所谓“戎狄是膺”，所以容其乱华也。故《春秋》华夷之辨尤严。居其地而亲中国，与盟会者则与之；公之会戎，非义也。

程氏于隐公元年首倡尊王义；二年倡攘夷义；乃说《春秋》者之要指，程氏固有识者。但华夷之辨，前后颇有不同，《公羊》义不俗，以华夷为可变者，夷狄可以进于爵，而华夏可退为夷狄。北宋以后，此义渐泯，逐渐以夷狄比于禽兽，远离《公羊》，亦远离《春秋》，程氏于此未能有所发挥。

3.《春秋》隐公“三年春二月，己巳日有食之”。程氏传云：

月，王月也。事在二月，则书“王二月”，在三月则书“王三月”。无事则书时，书首月。盖有事则道在事，无事则存天时；天时备则岁功成，王道存则人理立，《春秋》之义也。“日有食之”，有食之者也，更不推求者何也？太阳君也，而被侵食，君道所忌，然有常度，灾而非异也，星辰陵历亦然。

程氏于隐公三年发挥《春秋》之日、月、时义。宋代《春秋》家多于《春秋》之记载日、月、时处觅微言大义。程氏于此并引入“王道、人理”以明大义。王道即天道，太阳为天为君，天君而被食乃君道之所忌；是王道之不存，有悖于人理者。但日食有常度，乃难免者，是灾而非异。但以此应之于人事又如何？人君之被食亦常度乎！亦灾而非异乎！程氏于此无说。在灾异之变方面，宋儒实进退失据，阴阳之变有常度，此乃宋人胜于汉人之进于科学的理解，但知其然而不知其所以然，遂和天变有常度亦人为之不臧所致；仍然是天人感应说。其所以胜于汉人者在宋人知其然而汉人不知，于是程氏批评汉人说：“阴阳运动，有常而无忒，凡失其度，皆人为感之也，故《春秋》灾异必书。汉儒傅其说而不达其理，故所言多妄。三月大雨震电，不时灾也。大雨雪，非常为人，亦灾也。”（《春秋传》隐公九年三月癸酉）“凡失其度，皆人为感之也”，是天人感应说，人为之感，可以使天失其度，如此则所谓天行有常亦为人事所左右。程氏以为汉人虽知天人感应之说而不知其理，即不知其有常。就此而论，宋人已较汉人为进步。但正确理解天人者为大程而非小程，小程于天人感应说实有进退失据处。

程氏在谈《春秋》之进退失据处尚不止此，如《春秋》桓公三年，关于“有年”的记载，程氏传云：

书“有年”纪异也。人事顺于下，则天气和于上。桓弑君而立，逆天理，乱人伦，天地之气为之缪戾，水旱凶灾，乃其宜也。今乃有年，故书其异。宣公为弑君者所立，其恶有间，故大有年则书之。

“有年”即丰收年，“大有年”即大丰收年，本为史家之平实记录，有则书，否则不书。今程氏于桓公三年之书“有年”，宣公十六年之书“大有年”，以为其义相反，非直书，乃纪异也。桓公弑君而立，宣公为弑君者立，逆天理，乱人伦，天地之气为之缪戾，应有水旱凶灾，而今丰收，是变异，变异则书，故书“有年”及“大有年”。此与上述桓公、宣公之书“即位”，相同，不应书而书之者，纪异也。这种理论违背历史事实，正面书而有完全相反的大义，此朱子之所讥而不从者。但程颐究为理学大师，信奉其说者且誉之为“发明奥旨”。吕东莱在《春秋集解》中引高邮孙氏云：“《春秋》二百四十二年之久而书‘有年’‘大有年’者，二处而已。其一即桓公是也，其一即宣公是也。宣、桓大恶者，是行何道而致有年乎？书之者，不宜有也。”又引武夷胡氏云，“旧史灾异与庆祥并记，故‘有年’‘大有年’得见于《经》，若旧史不记，圣人亦不能附益之也。然十二公多历年所，有务农重谷闵雨而书雨者，岂无丰年而不见于经，是仲尼于他公皆削之矣，独桓有年、宣大有年则存二弗削者，缘此二公获罪于天，宜得水旱凶灾之谴，今乃有年，则是反常也，故以为异，特存尔。然则天道亦僭乎！桓、宣享国十有八年，独此二年书‘有年’，他年之歉可知也；而天理不差信矣。此一事也，在不修《春秋》则为庆祥；君子修之，则为灾异，是圣人因鲁史旧文，能立兴王之新法也。故史文如画笔，经文如化工，尝以是观，非圣人莫能修之审矣。‘有年’‘大有年’，先儒说《经》者，多列于庆瑞之门，至程氏发明奥旨，然后以为记异，此得于书意之表者也”。以上谓，先儒说经，以“有年”“大有年”为庆瑞，自程氏起，读经有间，有所得于《春秋》之表，遂变庆瑞为灾异。其实程氏说无据，以“有年”为灾，深文周纳，后来朱子不从，亦见其卓识。

程氏之《春秋传》未能完成，南宋初继作《春秋传》而影响较大者为胡安国。胡传出后，几与原来三传并驾而驷矣。最近出版由张岂之、黄宣民等同志主编执笔的《宋明理学史》对于胡传有恰当评述。以为胡氏所以尽毕生之力治《春秋》，意在“经世”，在他看来《春秋》是“经世大典”。《宋史》本传，曾记南宋高宗与胡氏讲论《春秋》事：

> 高宗曰：“闻卿深于《春秋》，方欲讲论。”遂以《左氏传》付安国点句正音。安国奏：“《春秋》

> 经世大典，见诸行事，非空言比。今方思济艰难，《左氏》繁碎，不宜虚费光阴，耽玩文采，莫若潜心圣经。”高宗称善。寻除安国兼侍读，专讲《春秋》。

所谓“经世大典，见诸行事”者，不外尊王攘夷，此为迫在眉睫的大事。近人张元济先生于《胡安国春秋传跋》中指出:“安国进书表实在绍兴六年十二月……元延祐二年其书始立于学官。……此书成于南渡之后，激于时事，语多感愤。其所贬者，于庄公四年纪侯大去其国，则不与其去而不存。十年荆以蔡侯献午归，则贱其失地。哀公八年，吴伐我，则讳其为城下之盟。其所褒者于庄公十七年齐人歼于遂，则嘉其以亡国余民能歼强齐之戍。昭公十二年楚执蔡世子友以归，则与其与民守国，效死不降，胡氏当日无非对症发药之言，然自今观之，胡氏之言，又岂仅为南渡后宋之君臣发哉！窃愿读是书者，时时毋忘胡氏之苦口也。”张氏跋文当日寇侵华时，与南宋之迫于金人有相似处，故云“激于时事，语多感愤”，而与我国当时之情况同，故又云“毋忘胡氏之苦口”。其实南宋高宗虽讲论《春秋》，实昧于“攘夷”之旨。三传中《左氏》义不及此，而《公羊》意在尊王攘夷，张大其说，高宗固不足语此，胡氏则慨乎言之！

胡传义在“尊王攘夷”，曾于隐公元年，开宗明义，说：

> 谓正月为王正，则知天下之定于一也。天无二日，土无二王，家无二主，尊无二上，道无二致，政无二门，故议常经者黜百家，尊孔氏，诸不在六艺之科者，勿使并进；此道术之归于一也。言致理也，欲令政事皆出中书，而变礼乐革制度，则流于窜殛其刑随其后；此国政之归于一也。若乃辟私门，废公道，各以便宜行事，是人自为政，谬于《春秋》大一统之义矣。

胡氏谈及《春秋》之大一统。大一统义发自《公羊》,《公羊传》于隐公元年即发挥大一统义,《春秋经》文“元年春，王正月”。《公羊传》云:“元年者何？君之始年也。何言乎王正月？大一统也。”胡氏亦言大一统。归纳《公羊》所有义，大一统即各民族间天时政令之一统，而胡氏之一统似偏于道术及政令之一统。胡氏云“黜百家，尊孔氏，诸不在六艺之科者，勿使并进；此道术之归于一也。……欲令政事皆出中书，而变礼乐革制度……此国政之归于一也”。时当南宋迫于四裔而偏安，实非大一统，胡氏遂背《公羊》而别解一统，至朱子遂以正统说代大一统。

虽然胡传不依《公羊》，但倡政令一统亦尊王义，而有碍于尊王者实为四裔，徽钦北狩，青衣行酒论为断养，以强邻故。斯时而倡尊王攘夷，实得人心，但对南宋高宗言，攘夷，实违其本意，而理学家高倡之，史学家高倡之，《春秋》家更高倡之。胡氏于隐公二年经："春，公会戎于潜。"传云：

> 戎狄举号外之也。天无所不覆，地无所不载，天子与天地参者也。《春秋》，天子之事，何独外戎狄乎？曰：中国之有戎狄，犹君子之有小人；内君子外小人为泰，内小人外君子为否。《春秋》圣人倾否之书，内中国而外四夷，使之各安其所也。无不覆载者，王道之体；内中国而外四夷者，王道之用。是故以诸夏而亲戎狄，致金缯之奉，首顾居下，其策不可施也。以戎狄而朝诸夏，位侯王之上，乱常失序，其礼不可行也。以羌胡而居塞内，无出入之防，非我族类，其心必异，萌华夏之谐，其祸不可长也。为此说者，其知内外之旨，而明于驭戎之道，正朔所不加也，奚会同之有？书"会戎"，讥之也。

以上云，天子与天地参，天地无所不覆，无所不载，应王者无外，何独外夷狄乎？天不覆载是体而外夷狄是用。《公羊》说“经”、说“权”，而胡传讲“体”，讲“用”，讲“变”，讲“常”，“常”当于“经”而“变”当于“权”。经为不变之道，而权为权宜之计；但安国则以为“贤者守其常，圣人尽其变”。闵公五年，《春秋》“郑伯逃归不盟”，胡传云：“《春秋》道名分尊天王而以大义为主。夫义者权名分之中而当其可之谓也。诸侯会王世子，虽衰世之事，而《春秋》与之者，是变之中也。郑伯虽承王命，而制命非义，《春秋》逃之者，亦变之中也。天下之大伦，有常有变，舜之于父子，汤武之于君臣，周公之于兄弟，皆处其变也。贤者守其常，圣人尽其变。会首止，逃郑伯，处父子君臣之变而不失其中也。噫！此《春秋》之所以为《春秋》，而非圣人莫能修之也。”胡氏此义颇有新意，经为不变之常，守常易而应变难，于疑难之际，为舜之父子，汤武君臣，周公兄弟，圣人皆处其变而当是为义，“义者权名分之中而当其可之谓也”。

但南宋高宗于君臣父子之间，华夏戎狄之间，非经非权，非常非变，固不能以《春秋》义绳之者。王者无外而外夷狄，亦变体为用也。胡传云：“中国之有戎狄，犹君子之有小人；内君子外小人为泰，内小人外君子为否。《春秋》圣人倾否之书，内中国而外四夷，使之各安其所也。无不覆载者，王道之体；内中国而外四夷者，王道之用。”“是故以诸夏而亲戎狄，致金缯之奉，首顾居下，其策不可施也。”结合时事，南宋之于女真有甚于“致金缯之奉，首顾居下”者，胡氏以此义为圣人之应变，盖时至南宋，无一统事实，无从谈大一统，遂以王者无外为经，而外四夷为变，圣人固宜应变不能守常。此义委婉，亦胡氏之不得已，与后来朱子之正统论，均圣人之应变者而非守常，守常固应倡大一统。胡氏比戎狄于小人，华夏为君子，亦《公羊》义之演变，非种族概念，但胡氏以后逼于四裔，憎恶益深，更以夷狄比于禽兽，则远离《公羊》矣。如僖公三十二年有云，“使为人臣者怀利以事以君，为人子怀利以事其父。君臣父子去仁义，怀利以相与，利之所在则从之矣，何有于君父，故一失则夷狄，再失则禽兽，而大伦灭矣。《春秋》人晋子而狄秦，所以立人之道存天理也”。以一失则夷狄，再失则禽兽作喻，可谓严夷夏之别；而严夷夏之别乃立人道存天理，遂使《春秋》义法与理学纲领结合。东汉曾使法令《公羊》化，而有《公羊》治狱，至此又使《春秋》理学化，遂以伦理说历史。

胡氏传《春秋》，谈经夺席，遂使胡传立于学官，旧有《春秋》之传外，并此而四。理学家不满于旧有《春秋》三传，乃抛弃注疏之学，更立新传以说经，说《春秋》亦所以讽当世，迫于强邻，遂严夷夏之别而比夷狄于禽兽，不能力征，只能口伐；不谈大一统而谈“正统”，乃有朱子之《资治通鉴纲目》书,《紫阳纲目》之影响于后世者，使胡安国传失色矣。元程端学在其《春秋本义》中的《春秋纲领》下，引朱子对于《春秋》义法的话道：

> 《春秋》大旨其可见者，诛乱臣，讨贼子，内中国，外夷狄，贵王贱伯而已；未必如先儒所言，字字有义也。
>
> 《春秋》正义明道，贵王贱伯，尊君抑臣，内夏外夷，乃其大义，而以爵氏名字日月土地为褒贬之类，若法家之深刻，乃传者之凿说。
>
> 圣人作《春秋》不过直书其事，善恶自见。《春秋》传例，多不可信；圣人记事安有许多义例。
>
> 《春秋》本明道正义之书，今人止较齐晋霸业优劣，反成谋利，大义晦矣。

这是实事求是的意见，朱子是一位实事求是的人，“格物”是他的方法，不诈凿空理论。就《春秋》而论其大旨，不过“诛乱臣，讨贼子，内中国，外夷狄，贵王贱伯”而已。并且指出：

> 未必如先儒所言，字字有义也。

《春秋》字字有义，遂使说《春秋》者自缚其手脚，动弹不得，程颐《春秋传》亦复如此。《春秋》不过直书其事，善恶自见。《春秋》传例多不可信，圣人记事安有许多义例！没有那么多的义例，所以朱子不在《春秋》中多作推敲。他又批评旧三传及胡安国传，道：

> 《左氏》曾见国史，考事颇精，只是不知大义，好以成败论人，都不折之以理之是非。《公羊》《穀梁》考事甚疏，然义理却胜于《左氏》。《胡传》大义正亦有牵强处，然议论有开合精神。(《春秋集传》释义纲领引)

议论平实，其所谓《公羊》《穀梁》之义理胜于《左氏》，《公》《穀》之义理亦只代表《公》《穀》，非《春秋》义。《公羊》义理恣肆，自成一家言，虽多非常异义可怪之论，但富于理想而非妄想，《穀梁》非其俦也，而《左氏》记事，实千古杰作，实中国古史之瑰宝。朱子于《春秋》及四传理解，实胜于两宋诸儒，因不再传《春秋》而别有《资治通鉴纲目》一书。不传《春秋》而自作《春秋》，实朱子之本旨，与其曲解孔子《春秋》，不如自抒己见而别作《春秋》，胡三省在《新注资治通鉴序》中，指出：

> 孔子序《书》，断自唐虞，讫《文侯之命》，

而系之秦。《鲁春秋》则始于平王之四十九年，左丘明传《春秋》止哀公之二十七年赵襄子惎智伯事，《通鉴》则书赵兴智灭以先事。以此见孔子完《书》而作《春秋》，《通鉴》之作实接《春秋左氏》后也。

胡三省是以《春秋》继《书》，而《通鉴》继《春秋左氏》。《左传》为传经书，《资治通鉴》继《左氏》，是司马光不敢续经而续传。《通鉴》比于《左传》，则朱子之《资治通鉴纲目》可比于《春秋经》。宋王柏之《资治通鉴纲目凡例后语》中说：

《通鉴纲目》之惠后学多矣。李果斋《后语》曰：著书之凡例，立言之异同，附于其后。然有是言也，而未见是书也。……朱子推絜矩之道，寓权衡之笔，大书分注，自相错综，以备经传之体，史迁以来，未始有也。苟非发凡释例，一以贯之，则述作之意，孰得而明；劝惩之意，孰得而辨，而大经大法，所以扶天伦遏人欲，修百王之轨度，为万世之准绳者，何以见直书不隐之实，是岂寻行数墨，强探力索者，所可得其仿佛哉。……今诸本所刊序例即此凡例之序也。……

> 凡下有目，目下有类，正统、无统之分甚严，有罪无罪之别亦著。……该核谨严，治乱跃如也。昔夫子之作《春秋》，因鲁史之旧文，不见其笔削之迹，正以无凡例之可证。朱子曰:《春秋》传例，多不可信，非夫子之所为也。今《纲目》之凡例，乃朱子之所自定，其大义之炳如者，固一本于夫子。……盖深以邪说横流，诚有甚于洚水猛兽之害，有不可辞其责。朱子亦谓《纲目》义例益精密，乱臣贼子，真无所匿其形矣。开历古之群蒙，极经世之大用，谓之续《春秋》，亦何愧焉。

王柏以为《纲目》一书，“谓之续《春秋》，亦何愧焉”。当时人如此比拟，朱子本人亦本孔子《春秋》定凡例。本先经后传，如今《通鉴》已比于《左传》，则《纲目》虽后来，因凡例具在，可比于经；是先传后经，不同于《春秋》三传。明人佘以能于《资治通鉴纲目合注序》中，道:“吾考亭朱子因司马文正公所辑《资治通鉴》而修《纲目》，盖效吾夫子因鲁史而修《春秋》之法，其为世道计，至矣。”是以《纲目》比于《春秋》。元人汪克宽于《资治通鉴纲目考异凡例序》中也指出:“子朱子曰,《春秋》之有例固矣，奈何非夫子之所为也。夫子作《春秋》，笔则笔，削则削，游夏尚不能措一词，而三传各立凡例，后之言《春秋》者，又各立例，殆将数十百家，言人人殊，学者将安取衷哉！子朱子笔削《资治通鉴》为《纲目》，褒贬去取，一准《春秋》书法，别统系以明大一统之义。表岁年以效首时之体，辨名号以正名，纪即位改元以正始。”朱子是在笔削《通鉴》，以《通鉴》为未修《春秋》，使内容丰富而文辞绚丽的《资治通鉴》，变作枯干的《资治通鉴纲目》。

《纲目》削《通鉴》而有凡例，自比于经。我们可以比较两者之《经》《传》关系。《资治通鉴·周纪》一，威烈王二十三年，有：

> 初命晋大夫魏斯、赵籍、韩虔为诸侯。

是为三家分晋得到周威烈王之认可，乃开端事业，《通鉴》中有温公之长篇议论，以为是宗周礼坏之开始。

> 臣光曰：臣闻天子之职莫大于礼，礼莫大于分，分莫大于名。何谓礼？纪纲是也。何谓分？君臣是也。何谓名？公侯卿大夫是也。夫以四海之广，兆民之众，受制于一人，虽有绝伦之力，高世之智，莫不奔走而服役者，岂非以礼为之纪纲哉！……今晋大夫暴蔑其君，剖分晋国，天子既不能讨，又宠秩之，使列于诸侯，是区区之名

分复不能守而并弃之也。先王之礼于斯尽矣。或者以为当是之时，周室微弱，三晋强盛，虽欲勿许，其可得乎！是大不然。夫三晋虽强，苟不顾天下之诛而犯义侵礼，则不请于天子而自立矣。不请于天子而自立，则为悖逆之臣，天下苟有桓、文之君，必奉礼义而征之。今请于天子而天子许之，是受天子之命而为诸侯也，谁得而讨之！故三晋之列于诸侯，非三晋之礼坏，乃天子自坏之也。乌呼，君臣之礼既坏矣，则天下以智力相雄长，遂使圣贤之后为诸侯者，社稷无不泯绝，生民之类糜灭几尽，岂不哀哉！

这是温公对于三晋的评论，三家分晋为春秋末大夫执国命的自然结果，是中国古代宗法封建社会之转折点，此后庶族抬头，旧宗法贵族渐趋没落，遂由春秋转入战国。此《资治通鉴》之开端，所谓《左传》终于智伯，而《通鉴》始于智伯,《通鉴》不直续《春秋》而续《左氏》。在此关键时刻,《通鉴》书,“初命晋大夫魏斯、赵籍、韩虔为诸侯”。胡三省注，以为是温公书法所由始，他说：

此温公书法所由始也。……三家者，世为晋大夫，于周则倍臣也。周室既衰，晋主夏盟，以

> 尊王室，故命之为伯。三卿窃晋之权，暴蔑其君，剖分其国，此王法所必诛也。威烈王不惟不能诛之，又命之为诸侯，是崇奖奸名犯分之臣也。《通鉴》始于此，其所以谨名分欤？

初命韩赵魏三家为侯，是温公书法之开始。“初命”者，前此所未有，本应为王法所必究，而今命之为侯，是礼坏乐崩的开始。礼乐制度不可乱，而今已乱，其罪当诛，朱子于此，亦只依《通鉴》书“初命晋大夫魏斯、赵籍、韩虔为诸侯”。温公书法亦为朱文公之书法，经依于传。简单明白之记事，褒贬所在，在求温公之长篇评论，不在记事，以此宋末刘友益在《资治通鉴纲目书法》内指出：“初命者何？病周也。三家分晋，各三四世矣……命之为诸侯，则于是始也。以周为固乱，故病之。或曰《通鉴》之托始于是也。朱子于《感兴篇》尝有述先几之疑矣。《纲目》修《通鉴》者，则曷为无改焉。盖夫子之修《春秋》也，曰‘其义则某窃取之’。又曰‘述而不作’。知此则知朱子之《纲目》矣。是故仍温公之文于其首，备胡氏之说于其后；其意概可见也。”这说明了朱子用意之所在，“述而不作”，《纲目》依《通鉴》文而胡三省有所发挥，皆朱子之书法所在。

《资治通鉴纲目》之书法类此，后世之评论此书者，意见不一，但《纲目》中正统之说，实为朱子迫于时势之不得已。《公羊》大一统说流行千载，实不一统之南宋，遂倡正统说，是为大一统之补充。在《纲目》中的重要“凡例标次”是：

统系：正统　列国　篡弑　建国　僭国　无统　不成君小国

岁年

名号：正统　僭号　篡弑

即位

改元

尊立

崩葬

等十九项。而关于“统系”的凡例，尤为凡例中之纲要。朱子解释说：“凡正统谓周……秦……汉……晋……隋……唐。列国谓正统所封之国（如周之秦晋齐楚燕魏韩赵……诸大国及汉诸侯王之类）。篡弑谓篡位干统，而不及传世者（如汉之吕后王莽，唐之武后之类……），建国谓仗义自王，或相王者（如秦之楚赵齐燕魏韩）。僭国，谓乘乱篡位或据土者（如汉之魏吴，晋之汉赵诸燕……）。无统谓周秦之间（秦楚燕魏韩赵齐代八大国凡二四年），秦汉之间（楚西楚汉三大国，雍以下为小国凡四年），晋隋之间（宋魏齐梁北齐后周陈隋为大国，西秦夏凉北燕后梁为小国凡一百七十年），隋唐之间（隋唐魏夏梁凉秦定扬吴楚郑北梁汉东，以上凡五年），五代（梁唐晋汉周为大国，二蜀晋歧吴南汉吴越楚荆闽南唐殷北汉为小国凡五十三年）。不成君谓仗义承统而不能成功者（如刘玄）。”

他又解释道：“凡正统全用天子之制，以临四方，书法多因旧文，略如《春秋》书周鲁事，事有相因者连书之。诸国或臣或叛，各以其制处之（如汉自昭烈以后，即内吴而外魏），事各冠以国号不连书。凡无统即为敌国，彼此均敌，无所抑扬，书法多变旧文，略如《春秋》书他国事，事各冠以国号不连书。凡诸国号从其本称，或屡更易，即从史家所称，而于建国之始即注云：是为某国。凡诸国同时同号者，后起者称后，至前国亡则后国去‘后’字，而凡追称前国处加前字。凡远方小国，继世迁徙，不能悉书，因事乃见。”“统系”实为《纲目》中最主要凡例，而“正统”之标号更为微言大义之所在，在“岁年”、“名号”、“即位”、“尊立”等凡例中都标出“正统”与非之别。自《公羊》首倡大一统以来，遂使国人无不以“一统”为常，而分裂为变；时至南宋，四裔交争，一统无存，朱子遂倡“正统”说，夷狄虽有君，奈非“正统”，“正统”实为大一统之补充。

正统，天统之义，实渊源有自。在先秦五行系统中，以五行排帝位，已有正统及闰统说。顾颉刚先生在《五德终始说下的政治和历史》(《古史辨》第五册）一文中，曾讨论《夏商周的新法及秦的闰统问题》。以为从前讲五德的人都说夏为木德，商为金德，周为火德。后来因为凑付五德系统而使夏变为金德，商为水德，周为木德；并因此造成些新的符瑞，而使夏商周五德之运适应于五行相生的系统。夏金、殷水、周木已经定了，可是有关秦是水德的证据很多，要完全推翻这些事也有困难，于是想出一个“闰位”的办法，说秦是水德，但介于周木与汉火之间，失去固有的行次，所以其祚不久。又说秦是“任知行以强”，只能是“霸”而不能是“王”；于是秦的一代就不为“正统”而为“闰统”，不为“秦王”而为“秦伯”了。“闰统”是否有先例，正好《国语》《淮南子》中关于共工的记载，和水有关而称“伯”，因而推为“水德”，成为“秦伯”的先例。这有关“闰统”的安排，是依五德终始的系统而排列的，无法依五德系统安排而已占有某德的帝王只能居闰统地位而称“伯”（霸）。闰统非正统，但秦在朱子的凡例中处于正统的地位，而在五德终始的系统中秦是闰统。前后的安排不同而各有根据，朱子在《纲目》中的根据是什么呢？

在《资治通鉴纲目》处于正统地位者，在宋前有：周、秦、汉、晋、隋、唐；都是大一统的国家，而不及其得国原因及年代之短暂；五德终始的座位安排亦早已抛弃。秦、隋都是汉、唐大一统国家之先趋，所谓为之驱除以待后来者。以此朱子之标“正统”实即大一统之别称。元人汪克宽在《资治通鉴纲目考异凡例序》中，曾经说：“书法别统系以明大一统之义。”明确指出《纲目》统系乃“明大一统之义”。而在《资治通鉴纲目书法凡例》中，于《正统例》云：

> 凡天下混一为正统。正统者，大书纪年。继世虽土地分裂，犹大书之。其非一统，则分注细书之。虽一统而君非正系或女主，亦分注书之。

“凡天下混一为正统”，“混一”是否同于《公羊》之大一统，依《公羊》说，大一统有具体内容及定义，朱子虽不主《公羊》，“混一”亦“统一”之别称，其义盖大体相同。凡正统国家，“继世虽土地分裂，犹大书之”，此例用于汉末之国时，遂以蜀为正统，而《资治通鉴》则主魏，所以在《纲目凡例》夹注中指出：“如汉建安二十五年十月，魏始称帝，改元黄初，而《通鉴》从是年之首即为魏黄初。又章武三年五月，后主即位，改元建兴，而《通鉴》于《目录》举要，自是年之首，即称建兴。凡若此类。非惟失实，而于君臣父子之教，所害尤大。”以此《纲目》屡申义例，以为温公《通鉴》之失。于是《纲目》丁魏文帝曹丕黄初元年，仍大书：

> （建安）二十五年冬十月，魏王曹丕称皇帝，废帝为山阳公。

《纲目书法》中指出："书称废，一削传禅之说，乱臣贼子，始无以自文,《纲目》诛心之法严矣哉！"翌年又书：

> 昭烈皇帝备章武元年。

是年四月刘备始即帝位，而岁首即书"昭烈皇帝备章武元年"。此为《纲目》与《通鉴》及《三国志》观点之最大牴牾处。蜀虽非大一统国家，但继承汉统，魏虽大国，但得来不正；于是正统之称，遂代大一统之实。南宋偏安，但为正统。以正统代大一统，亦多民族国家政权分立时之所必争；史家修史亦因之以区别。盖政权可以暂时分裂，而国家必须一统；暂不能一统，则以正统代一统。朱子之用心良苦，亦足见大一统说之深入人心，盖千古不磨者也。

清代前期的大一统论与公羊学

八.

（一）魏禧谈大一统

清初易堂九子之一的魏禧侈谈大一统。禧致力古文辞，喜读史，好《左氏传》，其为文亦凌厉雄杰，僧无可（方以智）尝至山中，叹曰，“易堂真气，下无双矣”。叔子认为“经世之务，莫备于史，以为尚书史之大祖,《左传》史之大宗。古今治天下之理尽于《书》，而古今御天下之变备于《左传》，明其明，达其变，读秦汉以下之史，犹入宗庙之中，循其昭穆而别其子姓，了如指掌矣”。(《左传经世·自序》）读史所以经世，与读经经世之说相辅而成。盖时当季世，学者治学欲挽狂澜，必有所取法，明、清之际虽有西方传教士东来，但其说难为中土学者普遍接受，法无可法，于是返而求诸古，此种状态颇类西欧之“文艺复兴”，以复古作维新，冲破中古之封建网罗，而求思想解放，于是明、清之际表现在中国学术思想界，出现又一次的“百家争鸣”。魏叔子之读史经世说亦一家言。

《春秋》三传,《左传》纪事，事无义理可言，而微言大义来自《公羊》,《公羊》义颇不俗，倡大一统，鲁隐公元年,《春秋》开始，首先强调大一统。如云：

> 元年春，王正月。元年者何？君之始年也。……王者孰谓？谓文王也。曷为先言王而后

言正月？王正月也。何言乎王正月？大一统也。

春秋时代并不存在大一统的局面。而《公羊》强调大一统，可视为“实不一统而文一统”。公羊家说，此孔子为新王立法。当周之季世，为新王法，权假文王，而实际“以《春秋》当新王”。《春秋》何以能当新王？于是有孔子为汉立法说。汉朝确是大一统天下，《公羊》的理想实现了。尤其是武帝时代，真正完成了大一统的事业，但如何使这一统的天下真正“大”起来，还是武帝关心的问题，于是有董仲舒的“天人三策”。

汉武帝实现了大一统，他也曾经想长久维持这大一统的局面，但汉末分崩，魏、蜀、吴鼎立，不再是一统的天下，而中国一统的思想深入人心，“实不一统而文一统”的影响，遂有“正统”说。“正统”说正好是“实不一统而文一统”的体现，但在这表面文章中蕴藏着无穷力量，它是一种精神纽带，绾系人心，分离的政权都以“中国”自居，都以代表“中国”自命，这自居、自命的内在含义，即他们是大一统的担当者，他们是中国的担当者。《公羊》于此亦有卓越义法，他们以为“中国”、夷狄之分本不由种族、民族界限，而以致治、文化为分野，中国可以退为夷狄，夷狄可以进为中国，进为中国者即“正统”，即大一统之担当者，大一统而不可得，于是为“正统”之担当者，夷狄只能纳贡称臣，听“正统”者之颁正朔。此所以《公羊》三世，太平世夷狄进而为中国，天下大一统矣。

实不一统而文一统，于是有正统说，既有正统说，当分崩之际，政权峙立，孰为正统，标准为何？于是在长期中国历史中，当政治上不能统一的时候，遂有长期争论，而持久不休，魏叔子亦参与此项争论者，曾有三篇《正统论》(《文集》)。在《正统论》中，他指出：

> 古今正统之论，纷纭而不决，其说之近是者有三：欧阳修、苏轼、郑思肖是也。欧阳子之说曰，正统有时而绝，故曰正统之序，自唐虞三代，历秦汉而绝，晋绝之又绝，有唐得之又绝。苏轼之说曰，正统之为言，犹曰，有天下云尔，无其实而得其名者，圣人亦以名与之，名轻而后实重，故曰正统。听其自得者十，曰，尧，舜，夏，商，周，秦，汉，晋，隋，唐。序其可得者以存教，曰，魏，梁，后唐，晋，汉，周。郑氏之说曰：以正得国，则篡之者为逆；不以正得国，则夺之者为非逆。故曰，正统三皇，五帝，三王，东、西汉，蜀晋宋而已。
>
> 三者之说，皆近于理，而郑氏为尤正，然各有其偏见，不可以不辨也，辨其非则是者出矣。

天下不能一日无君，故正统有时绝，而统无绝，绝其统则彼天下将何属乎？而其予西晋而不与东晋，等后唐，后汉于朱梁，石晋，尤为非是，此欧阳子之蔽也。偏安之主篡窃之人，吾予之以正统，彼正统者孰肯与之。苏氏曰，犹夫大夫士与民也，而或为盗，势不得不与之偕座。夫吾非有诛赏进退之权，则隐忍而偕坐，固其势也，旁观之君子，则必别其为盗而不齿之大夫士与民。且以为举天下而授之魏，晋，汉，魏之过，与之统者何罪？犹舅以妾为妻而妇奈何不以为姑，则大不为然矣，生于篡君之子孙，亲为其臣子，谓之姑可也，然君子有微辞焉。《春秋》于桓公元年书“春王正月”，于三年书“春王正月”之义是也。至于后世之公论，则是以妾为妻，而国人则妾之耳。使当时之名一定而后不可更，则公议无权，乱臣贼子不畏身后之诛，以为吾固可与二帝、三王俨然而并列也，孔子之《春秋》可无作矣，故以为欧阳子重与之而吾轻与之者，此苏氏之蔽也。

郑氏身当宋亡，发愤于心史，虽元魏之修礼乐，兴制度，亦所不取。其尊宋之极。至于黜唐，夫以为不正而得国，则陈桥之变与隋禅唐何异，而唐除隋暴，尤正于宋之取周，故以为三皇，五帝，三王，汉，宋者，忠臣之心，义士之见，非古今之公论，此郑氏之蔽也。然则正统之说恶乎定：魏子曰，古今之统有三，别其三统，而正统之说全矣。曰正统，曰偏统，曰窃统。正统者，以圣人得天下，德不及圣人而得之不至于甚不正，功加天下者亦与焉。偏统者不能使天下归于一统则择其非篡弑，居中国而强大者焉。窃统者，身弑其君而篡其位，纵能一统乎天下，终不与之以正统而著之曰窃统。是故因其实而归之以其名者，正统也，唐，虞，夏，商，周，西汉，东汉，蜀汉，东晋，南宋是也。正统绝而其子孙无足以系天下望而后归之曰偏统，后唐，后汉是也。天下之偏统绝，虽乱贼固已正乎其为天子有天下，则不得不归之窃统，秦，魏，西晋，宋，齐，梁，陈，隋，后梁，后晋，后周，北宋是也。吾故折衷欧阳子正统有时绝，郑氏篡正为逆，夺不正非逆之说，以明三统，三统明，然后天下之统不绝，偏安之正篡弑之人亦终不得以干正统，而正统之论完矣。

叔子引用欧阳修、苏东坡、郑思肖三家正统说，判其是非，而提出“三统说”，此可以名之曰“新三统”。“旧三统”，黑统、白统、赤统因五行而生，主者公羊学派与荀子学派。荀子所谓“道不过三代”及《公羊》的“三世说”，都是三统说的前身。董仲舒接受了这种传统而有三统说，汉武帝的太初改制许多方面是受了他的影响。但魏禧的三统不是董仲舒的三统，魏禧的三统是：正统，偏统，窃统。正统者，圣人得天下，非圣人得天下而甚不正者亦得曰正统。偏统者，不能使天下归于一统，而得国非由篡弑，居中国而强大者属之。窃统者，弑君篡位，纵能一统，终不能称正统而名之曰“窃”！这是儒家正名主义的应用。正统是名正言顺，堂哉皇哉。偏统者，有类于齐桓、晋文之伯业，虽不能一统，但能维护正统的尊严。窃统则乱臣贼子，能统一而其统不正。但叔子的理论亦有漏洞，如同一宋朝，北宋为窃，南宋为正，以北宋得国为篡弑，南宋得国由继承。其实根既不正，嗣位者焉得为正，况宋高宗之对金称臣，焉得曰正。书生之见是难与谈史识者。“享其利者为有德。”“侯之门仁义存。”得国之正与不正，亦难言也。汤武之征伐何殊于莽、操之得国，而一为圣王，一为权奸。其实尧舜禅让，不得不行，汤武之征伐亦不得不行，禅让与征伐亦等耳。此为当时之社会环境所决定，非由人力安排，但与魏禧而谈社会发展规律，亦如夏虫不可与语冰，苏东坡究属达者，其言曰：“正统之为言，犹曰，有天下云尔，无其实而得其名者，圣人亦以名与之，名轻而后实重，故曰正统。”“有天下后得言正统，是大一统也”，无论任何国人能统一中国，即为大一统，即为正统。其后，无其实而有其名亦得曰正统，名重而实轻。郑思肖因亡国之痛，斤斤于“以正得国，则篡之者为逆；不以正得国，则夺之者为非逆”。周武伐暴，但夷齐以为非正，正与不正，亦各有其是非，所谓“以暴易暴”者，乃阶级社会之通则。思肖之言，其情可悯，但于史实扞格难通。

无大一统之实而欲维护大一统之名，故有正统之议，这应当是史家爱国主义的表现，在历史上富有积极意义。须有正统，然后于政权分离之后，仍得云“国家大一统”。春秋战国时之周天子本如告朔之饩羊，但有羊究胜于无羊，有统亦胜于无统。魏禧重视正统，究属有识之士。在“正统论”中、下两篇中主要论述历朝属统及史法、书法等问题，叔子本治《左传》，不治《公羊》，因倡正统，亦主大一统，故于《三魏易学》中有：

> 萃，天下一统也。

（二）清代前期的公羊学派

我们曾经指出，东汉以后，今文经学（公羊学）若潜流地下，默默无闻。宋代学者虽重《春秋》，但不主《公羊》而别作新传。至清代当乾、嘉朴学发皇，垄断一时的时候，公羊学派亦若奇峰突起。溯源导流，清人首倡《公羊》者当推常州庄存与！

庄存与，字方耕，他是中国封建社会末期公羊学的开创者，此后这一学派中的重要人物几乎都受有他的影响，最著者有门人孔广森、外孙刘逢禄等。

庄存与是一位经师，不是一位变法图强的政治家，因此他直接牵涉到政治理论处很少，但在他的著作中，要求巩固旧有阶级秩序的愿望是强烈的。原来公羊学派的历史观和政治理论相结合，其中的历史观有时进退于先王、后王之间，所以他们的政治理论也不彻底，即使要建立地主阶级的新秩序也抛不下旧有的世族地主。因此庄存与不是一位有创见的历史学家。他用以和政治理论相结合的不是传统的公羊学历史观，而引进了宋代理学思想。宋代理学以儒家纲常名教讲《春秋》，庄存与受这派影响，遂亦以理学思想说《春秋》。他在《春秋正辞》的《奉天辞》中引用二程的语言道："天理灭矣，天运乖矣，阴阳失序，岁功不咸矣，故不具四时。"以理学解《春秋》，宋代流行，如今复见。清代乾嘉，汉学鼎盛，常州学派却以宋学讲《春秋》。

庄存与不仅在经学上引进宋学，在经学本身中也不分今古。同是经学，今文与古文一向互为水火，彼此不相容，因之今文《公羊》排斥古文《周礼》，清代康有为更以《公羊》为圣经，而以《周礼》为伪造。但庄存与却以《周礼》济《公羊》之穷。其实这是正确的看法,《公羊》《周礼》同属齐学，有相通处。庄存与一不主张改制，二不主张变法，他希望巩固原有的阶级秩序，而愿借《周礼》以成其说。在《周官记》中，他说:“古先圣王之所以导其民者，先务于农民。农非徒为地利也，贵其志也。民农则朴，朴则易用。易用则边境安，主位尊。民农则重，重则少私义，少私义则公法立，力专一。民农则其产复，其产复则重徙，重徙则死其处而无二虑。民舍本事而事末则不令，不令则不可以守，不可以战。民舍本而事末则其产约，其产约则轻迁徙，轻迁徙则国家有患。皆有远志，无有居心。民舍本而事末则好智，好智则多诈，多诈则巧法令，以是为非，以非为是。”这是庄氏据《周官》作论，以为齐民务农与否，对于封建国家来说，有三利三不利。在《春秋正辞·内辞第三·土功》条中也谈到这一问题:“王事惟农是务，无有求利于其官，以于农工，谷不可胜，由此道也。”所谓“农工”即从事农业工作的农民。庄存与以经师而谈政治经济，亦本学以经世之义，以《周礼》为鉴，由《公羊》出发，遂与先秦法家殊途而同归。《周礼》尚法重农，与法家相合，而《公羊》学者讲《周礼》亦重农尊法；以此《公羊》《周礼》

虽分属今、古，但内容无不可逾越之鸿沟。晚清康有为出，鼓吹《公羊》而排斥《周礼》，两者又互相水火不相容矣。

庄存与理想一个大一统的天下。这是《公羊春秋》之千古绝唱！庄存与所处的时代正是新的“南夷与北狄交，中国不绝若线”的时代，在南方，英国资本主义势力正在叩关，他们的鸦片烟船停泊以待；在北方俄国势力正在得寸进尺，蚕食而鲸吞。这远不是“夷狄进于爵”的太平世界，而是如何排斥“夷狄”的问题。所以庄存与的大一统不能与“张三世”的理论相结合，而止于“内诸夏而外夷狄”的阶段。在《天子辞·大规天子》条，他发挥道：“周公欲天下之一乎周也，二之以晋制则不可，其不可于是始，君子谨而致之，欲天下之一乎周也。”他没有进一步说明“夷狄”进而为中国的道理，“欲天下之一乎周”，在当时来说也就是“欲天下之一乎清”。“欲天下之一乎周”，而不可得，他转而肯定“二伯”。因为齐桓、晋文是能够抵抗四夷，维持当时统治秩序的人。他曾指出：“诸侯无伯，亦《春秋》之所恶也。则其不主晋何？曰，诸侯之无伯也，晋襄公始为之也。不主晋于是始而王道行矣。桓、文作而《春秋》有伯辞，实与而文不与也。”（《春秋正辞·诸夏辞》第五）

“实与而文不与”是《公羊春秋》中重要义法之一。表明在历史转换时期之承认现实，而有碍于旧有原则。“实与”是结合现实而赞赏其维护当时秩序的伯业；“文不与”是不能公开承认这种侵犯王权的举动。在《二伯辞》中他又发挥道：“未有言同盟者，其言同盟于幽何！齐桓自是为诸侯正也。……齐主命则其言同盟何？夺其为正之辞也。……曷为夺之，有天子存在，则诸侯不得主诸侯命也。……盖自是礼乐征伐自诸侯出，天下且见为当然，而相率以安之矣。”（《春秋正辞·诸夏辞》第四）礼乐征伐乃王者事，自诸侯出乃僭越而非礼；不得已而有之，有益于“一统”秩序，但还是不能公开赞许。

大一统的天下是理想的和谐的礼乐世界；在不同阶段有不同的“一统”规模，是公羊学“张三世”的理论发挥。庄存与是在公羊学沉沦已久而重新发现它，在清代公羊学派中他是开山的人物，他还不理解全部《公羊》的非常异义。庄存与所处的时代及其理解水平，还只能要求他维护这原有的旧秩序，他没有通过改制来建立一个新社会——资本主义社会的要求。所以他引进理学以济《公羊》，理学与《公羊》结合，使今文经学增添了新的内容，这新的内容不仅使《春秋》为后王立法，并为后王建立道法规范。在《诛乱辞》中他说道：“《春秋》礼义之大宗也，治有司者也。法可穷，《春秋》之道则不穷。”法可穷，因为法有时代的局限性，而《春秋》之道无穷，道是不变之“常”。这种理论，在宋儒讲《春秋》的时代，已经谈起，虽然他们不主《公羊春秋》。

庄存与所处的时代是旧社会，但新的社会形态正在萌芽。新的经济因素萌芽，新的社会力量也在萌芽。这些新的萌芽日见茁壮而冲击旧有的秩序、旧有的经济关系、旧有的思想作风；旧有的道德标准也很难维持。庄存与作为多变的公羊学者，应当适应或者推动这种变换。但如我们曾经指出的，他还不是一位彻底的公羊学者，他是打算维护旧社会秩序的公羊学者，打算以“变”来维持不变。他曾经说道：

> 乱天下之大防者晋也。诸侯以晋为正，实以力为正，自时厥后，苟有利其从之。何知仁义，以享其利者为有德。其机在此，此谓大恶。（《春秋正辞·诸夏辞》第五）

晋为当时强国，公羊学者虽然肯定晋之伯业，但存与仍然以为自时厥后，乱天下之大防，而诸侯以之为正。旧的社会秩序被破坏，于是有新的道德规范。在西汉时，因为新的地主阶级取代旧的宗法贵族，司马迁曾经说：“何知仁义，以享其利者为有德。”事过千余年，庄存与又重复地说，这意味着更新的阶级在生长，旧的道德体系将被扬弃，庄存与和司马迁有同感。在《外辞》中他又提出“窃钩者诛，窃国者为诸侯”。这也是太史公曾经强调的问题，各个时代有不同的价值观，各有各的道德标准。“何知仁义，以享其利者为有德”，既可以为旧有的统治者服务，也可以为新的社会力量服务，只要你能够成功。以后不久，龚自珍更有歌颂“私”的文章，这是新消息，有如春雷。在前资本主义社会，“私有制”不是完整的“概念”，在资本主义社会中，“私有”才是不可侵犯的。以此龚自珍之所谓“私”，只能是在商品交换的过程中去寻找它的道德观念。

庄存与还没有具备龚自珍的思想内容，但庄存与如果只是维护旧的社会秩序而压抑新生事物的发展，这不是公羊学的传统。《公羊》是多变的，在封建地主阶级走到末路而找不到前途的时候，公羊学者是他们的应变哲学。庄存与也打算在不变社会的基础上变，所以他也在“讥世卿”，这是向封建社会世族地主挑战了。他指出：

> 公羊子曰：讥世卿。世卿非礼也。其圣人之志乎！制《春秋》以俟后圣。后世之变，害家凶国，不皆以世卿，故圣人明其忧患与故，岂不知之，则何以必讥？告为民上者，知天人之本，笃君臣之义也。告哀公曰：义者宜也，尊贤为大。……非故非贤，不可以为卿。君不尊贤则失其所以为君。彼世卿者，失贤之路，蔽贤之蠹

也。……世卿非文王之典也。无故无新，惟仁之视，尊贤养贤之家法也。(《春秋正辞·天子辞》)

一个时代有一个时代的世族，战国时代之尚贤是反对宗周以来的宗法贵族；以后几经反复，新地主变为旧世族，封建社会存在，世族地主也不断更新。《公羊》之“讥世卿”永远具有新的意义，庄存与之“讥世卿”也有现实意义。

庄存与是中国封建社会后期公羊学派的创始人，但在乾隆时期，还不是中国封建社会的崩溃时期，一切新的因素都在萌芽，还没有取而代之的力量，《公羊》始终是地主阶级的应变力量，很难是资产阶级鼓吹革命的武器。所以《公羊》随封建地主阶级之消失而失去其政治作用；失去政治作用的公羊学，与古史研究结合，遂变成有名的“古史辨派”。

（三）公羊名家孔广森

阮元在《方耕经说》中指出：“通其学者，门人邵学士、孔检讨及子孙数人而已。”其中邵学士不以今文经学名家，孔广森实属《公羊》名家及朴学大师。孔广森乃衍圣公孔传铎之孙。因出自贵族世家，千百年来孔门后裔与封建王朝互相结合，互相利用。但他们之间也存在着矛盾，主要表现在土地所有及依附农民的问题上。封建王朝保护地主阶级土地所有制，不过世族地主的过度膨胀，对于封建朝廷又形成一种对抗力量。当时的王朝能够控制当时的世族豪门，就可以维持一个强盛的统一帝国；相反，世族豪门可以变作强藩，形成分散的割据力量，从而削弱封建王朝的集中统治。

清初，曲阜孔家的世族大家的地位如故，他们和王朝的结合及矛盾也继续下来。清初，当王朝初建的时候，清廷和孔家互争土地与农民，时有纠纷，直到乾隆年间要解决这长久未决的问题，两方面直接抗争了。当时的衍圣公孔昭焕以为地方官额外差徭过多，例应优免差徭的庙户（即孔府的依附农民）也得不到免除，于是他悻悻地说："请将现存户丁酌留五十户，其余户丁，收归民籍，交地方官编审，与民籍一体当差。"这是违反他本意的话，以表示不满。而乾隆帝则毫不迁就，并加以呵斥说，根本不存在繁重的科徭问题；有些水利事业，本为民办，不得谓之差徭。并此等民差亦不应承，使孔氏庙户得以逍遥于一切差徭外，是没有道理的。当时山东巡抚白钟山也说"有粮之家，依托庙户，影射居奇"。（《清朝文献通考》卷二十五《职役考》五）这是指当地中小地主依附孔家而逃避税徭。这一切说明世族豪门的专断行为影响朝廷的政令实施，朝廷不会容忍这种行为，过去的素王后裔与当代帝王在较量中败下来，孔昭焕遭到议处。

乾隆也只是稍抑贵族地主的气焰，使他们一时收敛而已，并没有根本解决问题。封建政权是暂时的，而孔府是“与天并老”的，他们的庙、佃两户仍然继续得到优免，地方徭役也没有得到均平。这些都是孔广森的社会背景，他是这个时代、这种环境下的一位经师，公羊学派的经师。存在决定了他的意识，当他讲这个充满“非常异义可怪之论”的《公羊》时，他将吸取些什么而发挥出什么“微言大义”出来，是值得注意的问题。早期公羊学派的思想主流是：①鼓吹大一统及尊王攘夷；②张三世的学说把理想世界放在现在与未来。在庄存与的公羊学中已经失掉了这种思想内容，在孔广森的思想体系中却存在别解。他在《春秋公羊通义》的开端作了如下发挥：

> 天子诸侯通称“君”。古者诸侯分土而守，分民而治，有不纯臣之义，故各得纪元于其境内。而何邵公猥谓，唯王者然后改元立号，《经》书“元年”，为托王于鲁。则自蹈所云，“反传违例之失”矣。

这些话不是在鼓吹大一统，而是在鼓吹分裂。这是自有公羊学以来，从不曾有过的义法，也是公羊学派不能容忍的义法。《公羊传》隐公元年首先发挥大一统义，说：“元年者何？君之始年也。春者何？岁之始也。王者孰谓？谓文王也。曷为先言王而后言正月？王正月也。何言乎王正月？大一统也。”后来历代王朝之强调藩邦“奉正朔”，即以之为大一统的象征。而孔广森不理此义，以为古者诸侯分土而守，分民而治，各得纪元于其境内。这不是《公羊》原有义，孔广森所说是中国古史的真实，而《公羊》云云是历史哲学，是它们的理想，理想虽不等于现实，但可以促进现实的发展。何休也并没有“反传违例之失”，而是孔广森本身的“反传”。（这种“不纯臣”的现象，在清朝乾隆时代不复存在；如果有的话，孔府是唯一的一家，它不是诸侯，但是权力超出诸侯，它可以“分土而守，分民而治”，以致在乾隆鼎盛时，为此还起纠纷。）存在决定意识，孔广森是为自己的贵族豪门争独立地位。

孔广森也似乎不理解《公羊传》的“三世说”。“三世说”是公羊学“三科九旨”中的主要内容；这在何休的《春秋文谥例》中曾有明确交代，一直到清末的公羊学家都集中到“三科九旨”上加以发挥，但孔广森却驳斥何邵公，以为他是“志通《公羊》，而往往还为《公羊》疾病者也”。他说：“《公羊》者，旧有新周故宋之说，新周虽出此传，实非如注解。故宋传绝无文，惟《穀梁》有之，然意犹不相涉。是以晋儒王祖游讥何氏‘黜周王鲁，大体乖硋，志通《公羊》，而往往还为《公羊》疾病者也’。”（《春秋公羊通义》定公十六年）他不相信邵公的“三科九旨”，而另立自己的“三科九旨”道：

> 夫周纲解弛，鲁道陵迟，攻战相寻，彝伦或熄，以为虽有继周王者，犹不能以三皇之象刑，二帝之干羽，议可作而化也。必将因其衰世之宜，定新国之典，宽于劝贤而峻于治不肖，庶见风俗可渐更，仁义可渐明，政权可渐兴。乌乎托之？托之《春秋》。《春秋》之为书也，上本天道，中用王法，而下理人情。不奉天道，王法不正；不合人情，王法不行。天道者：一曰时，二曰月，三曰日。王法者：一曰讥，二曰贬，三曰绝。人情者：一曰尊，二曰亲，三曰贤。此三科九旨既布，而一裁以内外之异例，远近之异辞。错综酌剂，相须成体。凡传《春秋》者三家，粤惟《公羊》有是说焉。（《春秋公羊通义序》）

以上所谓：时、月、日之例；讥、贬、绝之辞；尊、亲、贤之议；都是《公羊》原有义，但以之为《公羊》之“三科九旨”，未免小题大做，不能发挥《公羊》之应有的影响与作用。我们所谓公羊学是指《公羊传》及何休《解诂》。

何休实在总结了以往的公羊学，这种总结保存了公羊学的丰富内容，发挥了公羊学的传统而在中国政治史上有过良好的作用。孔广森是朴学大师，是以朴学方法治《公羊》而不本何休。虽然他以为是就《公羊》而论《公羊》，不作“非常异义可怪之论”，但实失《公羊》之宏伟思想内容！

《春秋公羊通义序》是孔广森之发挥《公羊传》义的文章，他以为《公羊》与《孟子》相合，孟子是善言《春秋》的，他说：

> 东汉时帝者号称以经术治天下，而博士弟子因瑞献谀妄，言西狩获麟，是庶姓刘季之瑞，圣人应符为汉制作，黜周王鲁，以《春秋》当新王，云云之说，皆绝不见本传，重自诬其师以召二家之纠摘矣。然而孟子有言，《春秋》天子之事也。《经》有变周之文，从殷之质，非天子之因革耶？甸服之君三等，藩卫之君七等。大夫不世，小国大夫不以名氏通，非天子之爵禄耶？上抑杞，下存宋，褒滕薛邾娄仪父，贱谷邓而贵盛郜，非天子之黜陟耶？内诸夏而外四裔，殆所谓天下之本在国，国之本在家者与？愚以为公羊学家独有合于孟子。乃若对齐宣王言小事大，则纪季之所以为善，对滕文公言效死勿忘，则莱侯之所以为正，

其论异姓之卿，则曹羁之所以为贤，论贵戚之卿又实本于不言剽立以恶衎之义。……故孟子最善言《春秋》。岂徒见税亩、伯于阳西传文句之偶合哉。(《春秋公羊通义序》)

这无异于《孟子》与《公羊》相通考。《孟子》与《公羊》的思想体系绝不相同，也无路可通。其实仅摘录文句,《左传》与《穀梁》都有相通处；这种做法与后来刘师培论孟子、荀子与三传相通的论点相同，都不能说明任何问题。孔与刘在经学上是一今一古，但都长于朴学，因之以朴学类比的方法从事排比。即以《孟子》《公羊》相通而论，他们之间不相合处甚多。比如《左传》宣公四年云："凡弑君：称君，君无道也；称臣，臣之罪也。"这是《左传》中"五十凡"之一，乃《左传》最重要义法，但也为《公羊》《穀梁》所讥，因为它违反了封建道德传统，而孟子却说：

齐宣王问曰："汤伐桀，武王伐纣，有诸?"孟子对曰："于传有之。"曰："臣弑其君，可乎?"曰："贼仁者谓之贼，贼义者谓之残，残贼之人谓之一夫。闻诛一夫纣矣，未闻弑君也。"(《孟子·梁惠王》下)

这是《孟子》与《左传》相通而不同于《公羊》；所以我们以为，类似的相通说，不能说明任何问题。

孔广森的公羊学有他自己的“三科九旨”，实际与传统《公羊》之“三科九旨”不同，而孔氏之旨主要是维护世族豪门。孔广森不倡大一统，也不倡法后王，主张世族豪门可以割据称王。因为孔府是世袭的豪门地主，朝廷可更，而孔氏与天并老，他们永远是既得利益者，“已享其利者为有德”，是庄存与也提倡的理论，所以孔府自称是与天并老的道德之家，这道德之家半是来自孔子，半是来自世袭贵族。他们要巩固这种局面，但《公羊》讲“变”，原有的“三科九旨”都是讲变的道理，他们以为社会在变、历史在变，因之政治也要变，这是他们思想之可取处。每当封建地主阶级处于困境的时候，公羊学往往应运而生，地主阶级中各阶层遂于其中各取所需。世族地主主张巩固旧有的阶级秩序，维护他们的既得利益，因而有孔广森的“分土而守，分民而治，有不纯臣之义”。他们在向往着教皇的地位。这不是孔广森的个人意识，是同一阶级的共同愿望，清初“三藩”如此，乾隆之与衍圣公的争议，原因也在此。衍圣公府千百年来已经取得“分土而守，分民而治，有不纯臣之义”的地位，他们不愿失去而固守，遂假《公羊》立说。其实原来《公羊》无此异义，孔广森学自庄存与，比庄存与更向后转！

《公羊》接近法家，本是齐学，孔广森治《公羊》亦摄法家说，非儒家正统，他曾经提倡类似于法家的刑赏“二柄”说：

> 天下者大柄有二：曰威，曰福。二柄举，则天下治矣；一有失矣，不以沦亡，则以败乱。下或擅之，小则以霸，大则以王。然威之为用，足以制人而已，王者之末也。福者积微以为用，以晦而张，以柔而强，及其至也，威不足以言之，是王道之本也。何谓福？恩惠是也。何谓威？甲兵是也。先王经世有赐诸侯弓矢得专征之威，未与臣下得私恩惠之福，故礼家施不及国者，不与大夫得作福于国也。《诗》戒诸侯专封者，不与有国者得作福于天下也。……有威可畏，有惠可怀，此文王之所以造周也。(《春秋公羊通义》)

“二柄”说出自法家，《管子》有“六秉”说，《韩非子》有“二柄”说。“二柄”即刑、赏，孔广森称之为“威福”二柄，意义相同。《公羊》学者而有法家学说，本非意外；但这样公开地提倡刑、赏二柄，在经师中少见，经师本儒家谏言刑赏者。

孔广森以法家解《公羊》具有卓识；但在《公羊》义

法上的发挥甚乖本旨。他究竟是有名的训诂学家，当他以朴学治《公羊》的时候，却有所长。东汉末年的汉学家，本来结合今古，寓义法于朴学之中。孔广森的作风犹是汉学传统，但非乾嘉学派之正统也。

（四）清代公羊学中的关键人物刘逢禄

清代中期最有影响的历史学者是刘逢禄，他是庄存与的外孙。他所处的时代已经是鸦片战争的前夕，也是中国封建社会面临瓦解的前夕，也正是“南夷与北狄交，中国不绝若线”的时代。这正是封建地主阶级感觉到恐惧危亡非变不可的时代，于是已经兴起的公羊学越发具有茁壮成长的土壤。庄存与、孔广森虽然发现了公羊学，但他们还没有从公羊学中找到应变的方案，也就是说清代前期的公羊学还在摸索前进，刘逢禄却是大步前进了的人！

刘逢禄是清代公羊学中的关键人物，他发现了东汉何休经过十七年的探索而总结出来的“非常异义可怪之论”。何休的总结在当时没有发生实际效果，东汉末是由统一帝国逐步走向瓦解的时代，四裔崛起，到处称王，所谓大一统及尊王攘夷之《公羊》古义与时代乖忤，何休的《公羊》总结只能是一个“书面总结”，但却具有历史意义。这有历史意义的文章湮没已久，真是“众里寻他千百度，蓦然回头，那人却在灯火阑珊处”，刘逢禄找到了，他找到了何休的总结，公羊学的核心思想。他适当地评价了这个总结，而且有他自己的理解，有了他自己的理解，就会有新的内容。此后，公羊学逐步与历史实际相结合而有所发展。鸦片战争后，公羊派风起云涌，谈改制，谈变法，都是在公羊学中找方案，刘逢禄变作提供方案的人。我们曾经指出，在公羊学的思想体系中，大一统的学说及“张三世”的理论是它的核心所在。他们鼓吹一个大一统的天下，这大一统是理想也是事实，因为中国历代有过大一统的事实；虽然在王朝季世出现过分裂，但人们的理想始终是大一统，大一统不可得到，有“正统”说以济其不足。公羊学始终以为理想的天下是大一统，未来的天下一定是大一统。庄存与没有意识到这一点，孔广森更不理会这大一统，他的“三科九旨”和上述主张无关，刘逢禄出而局面为之一变。刘逢禄论大一统：

> 自王纲不振，小雅尽废，强大兼并，君臣放弑，诸侯奔走，不得保其社稷者不可胜数。极于中国微灭，吴楚狎主，而三代之彝伦法制斁坏，简弃无复存者。盖夏商之末失以强，而周之末失以弱。……厉幽之亡，不生孔子，天将以《春秋》之制统三正而正万世也。周之衰也，始则礼乐征

伐自诸侯出而专封专讨，天子不能问也。继则自大夫出而擅作威福，君若赘旒，下至陪臣效尤，而皂隶舆台，自假威坐床之亹，外至四夷乘便，而文身左衽，张僭号争长之心。……夫子遂为之极其义曰:“臣弑其君，子弑其父，非一朝一夕之故，其所由来者渐矣，由辨之不早辨也。”……然犹以为托之空言，不如见诸行事之深切著明，于是受命制作，取百二十国之宝书，断二百四十二年之行事，上诛平王而下及于庶人，内诛鲁公而外及于吴楚，虽冒万世之罪而不敢避。……夫医者之治疾也，不攻其病之已然，而攻其受病之处。《小雅》尽废，乱贼所以横行也。《春秋》欲攘蛮荆，先正诸夏；欲正诸夏，先正京师；欲正士庶，先正大夫……欲正诸侯，先正天子京师；天子之不可正，则托王于鲁以正之。(《公羊何氏释例·诛绝例》第九)

刘逢禄并没有正面提出大一统问题，但其发挥“王鲁”之义，实际上是主张有强有力的中央王朝以发号施令，以维持王纲之不坠。理想的大一统是四夷进于爵，但在乱世，臣弑其君，子弑其父，政自大夫，王若赘旒，浸假而舆台皂隶假威坐床，四夷乘便文身左衽；阶级矛盾与民族矛盾交织，王纲之不坠若线。清代乾嘉以后，道光年间又出现了类似局面。这不是历史的重演，这时有这时的内忧，这时有这时的外患，而这种内忧外患，将使这古老的封建社会崩溃，使这几千年文明古国沦亡；不仅亡国而且亡天下。这不是四夷进于爵的大一统，而是四夷交攻，王室之不坠若线的时代。于是刘氏据《公羊》而倡“尊王攘夷”，论古以喻今，周天子既不可得，于是有所望于新王，希望有一个新王来扭转这即将崩溃的局面。“新王”之义意味着革新，有一种新的局面而重建大一统。于是由维护一统而理想新王，由立新王而有变法改制的主张。这是原有的公羊义法可以引申出来的新义。虽然刘逢禄还没有一种新社会的蓝图，通过变法以达到新社会的理想，也就是在他的思想中还没有发展资本主义的萌芽。但他的思想体系，是这种思想出现的预备阶段。稍后在今文学派龚自珍的思想中已经看到这种思想的端倪，至康有为出，在他的理论中已经是资本主义社会的色彩，但他称之为“大同世界”。

刘逢禄只是要求一个“新王”，他一再鼓吹“王鲁”：

> “王鲁”者即所谓以《春秋》当新王也。夫子受命制作，以为托诸空言，不如行事博深切明，故引《史记》而加乎珍焉。孟子曰：“《春秋》者天子之事也。”夫制新王之法，以俟后圣，何以必

> 乎鲁？曰：因具史之文，避制作之僭，祖之所逮闻，惟鲁为近，故据以为京师，张治本也。圣人在位如日之丽天，万国幽隐，莫不毕照，庶物蠢蠢，咸得系命。尧舜禹汤文武是也。圣人不得位，如火之丽乎地，非假薪蒸之属，不能抒其光，究其用。天不生仲尼，万古如长夜，故曰：归明于西，而以火继之，尧舜禹汤文武之没而以《春秋》治之，虽百世可知也。(《公羊何氏释例·王鲁例》第十一)

他进一步说明“王鲁”即以《春秋》当新王，因《春秋》乃为新王立法书，非王者不制度、不议礼、不考文，故以《春秋》为新王。更据《公羊》之三世义，以《春秋》当新王，上黜杞，下新周而故宋，以《春秋》当新王。旧周已被新王所代，而时代近故称“新周”，宋为殷后，故称“故宋”，而杞为夏后，时代已远故黜杞；这是向前演变的历史观，他们鼓吹的“新王”，也就是法家的“后王”；所以我们说《公羊》的历史观近于法家。

周不可兴而王鲁，鲁非王国，故又托王于《春秋》，而新王之法亦具于《春秋》，亦即《公羊春秋》。而《公羊春秋》理想社会是大一统，但理想与事实乖忤，大一统的社会是四夷进于爵，而春秋时代是四夷交侵而入主中国，刘逢禄于此只能肯定四夷狎盟的现象，而有《秦楚吴进黜表》，云：

> 余览《春秋》进黜吴楚之末，未尝不叹圣人驭外之意至深且密也。昔圣人序东周之《书》，唯存《文侯之命》及《秦誓》，著其盛衰大旨。其于删《诗》，则列秦于《风》。序《蒹葭》曰，“未能用周礼”，序《终南》曰，“能取周地”。然则代周而改周法者，断自秦始，何其辞之博深切明也。秦始小国辟远，诸夏摈之，比于戎狄，然其地为周之旧，有文武贞信之教，无放僻骄侈之志，亦无淫佚昏惰之风，故于《诗》为夏声。其在《春秋》无僭王猾夏之行，亦无君臣篡弑之祸，故《春秋》以小国治之，内乏也。关通上国最后，而其强也最骤，故亡也忽焉。秦强于内治，败殽于后，不勤远略，故兴也勃焉。楚之长驾远取强于秦，而其内治亦强于吴，故秦灭国而终覆秦者楚也。圣人以中外狎主承天之运而反之于礼义，所以财成辅则天地之道而不过乎物，故于楚庄、秦穆之贤而予之，卒以为中国无桓文则文归之矣，何待定哀之末而后京师楚哉。于吴光之败陈许，几以中国听之，慨然深思其故曰：中国亦新夷狄也……

故观于《诗》《书》，知代周者秦，而周法之坏，虽圣人不可复也。观于《春秋》知天之以秦楚狎主中国而进黜之义，虽百世不可易也。(《公羊何氏释例》)

《公羊春秋》“于楚庄、秦穆之贤而予之，卒以为中国无桓文则文归之矣”。又于“吴光之败陈许，几以中国听之”。据《公羊》义，据乱世本内中国而外诸夏，而今进夷狄于中国，以当时之中国，“亦新夷狄也”。秦乃西方小国，远于中国而比之于戎狄，但因此为周旧邦，有优良传统而没有淫佚昏惰的风俗，所以《公羊》内之。楚也是有权基的国家，所以后来楚能代秦，秦楚狎主中国，而《公羊春秋》许之，因为此时之中国亦新夷狄。

公羊派之肯定新王朝的出现，说明他们是向前看的历史观，因此我们说他们的理论近于先秦法家，而刘逢禄也曾经使儒家的礼义和法家的刑法互相结合。本来董仲舒曾经认为《春秋》为礼义大宗，但公羊学派有关礼义的含义不同于一般儒家。刘逢禄说：

或称《春秋》为圣人之刑书，又云五经之有《春秋》，犹法律之有断令；而温城董君独以为礼义之大宗何哉？盖礼者刑之精华也，失乎礼即入乎刑，无中立之道，故刑者礼之科条也。《春秋》之道始于元，终于麟，绝于夏之冬而犹系于周之春，威厉而不试，刑措而不用，此亦太平之极轨也。若乃意深于拨乱，故制刑常用重典，无变三代之实而有异文武之文，然其原心诛意，禁于未然，其立法严，其行法恕。匪用为教，覆用为虐，则秋荼也。曲学阿世，缘经文奸，岂非罪哉！抑又闻之董生，《春秋》显微隐权，先德而后刑，其道盖原于天。……夫刑反德而顺于德，亦权之类矣。……矫枉者弗过其正则不能直，故权必反乎经，然后可与适道。（《公羊何氏释例·律意轻重例》第十）

以上所谓“礼者刑之精华也，失乎礼即入乎刑，无中立之道，故刑者礼之科条也”。不同于正统派儒家关于礼的定义，不同于封建社会前期礼刑分别用于不同阶级的传统。这几句话体现了公羊学派理论之近于法家的事实。东汉儒家欲使刑法儒家化而以《公羊》断狱，当是公羊学派之余风。至此公羊学又与荀子学派之思想相近，荀子是沟通礼、刑之新儒家。儒家不断更新，才能使其生气勃勃，此后理学家又在更新儒家，更加丰富了礼与仁的思想内容。如今更有新儒家之呼声，有其名而未见其实，或其实与名不符，仍难称之为儒家之再次更新。

清代今文经学发展了公羊传统，也可以说发展了新儒家的思想体系，刘逢禄的议论亦颇富辩证的意味，他说："刑反德而顺于德，亦权之类矣……故权必反乎经，然后可与适道。"刑反于德而顺于德，权反于经而适于道；使刑法、权经都处于对立统一的地位，这样才会有发展的前途。这种崭新的议论是有它的社会基础的，说明阶级关系在变化中，一切价值观念、道德观念也在变化中。于是礼与刑的概念也在变化中，这不再是对立与隔绝的了，它们是对立的统一体，这统一体就是法，于是资产阶级强调法律，刘逢禄也说："五经之有《春秋》，犹法律之有断令。"法令统一了礼、刑，礼与刑都丧失了原有地位而为法令所取代。

公羊学派和荀子及法家接近，他们提倡变法改革，但他们只有理论而没有实施的方案，于是有些改革者遂取古文经《周礼》《左传》以济其穷。但刘逢禄坚持今文传统而排斥古文经，以《周礼》《左传》为伪，此论在清朝来自方苞，今文家据为口实，其后今文、古文永远互相攻击不休，至清末康有为、章太炎，两派今古文大师，在政治上彼此不相容，在经学上亦复驳辩不已。至民国成立，经学逐渐脱离政治，在经学界今古文仍攻讦不已，古史辨派即今文学派脱离政治后转向历史研究的学派之一。

（五）陈立、龚自珍、魏源

稍后于刘逢禄的陈立亦《公羊》经师，其所著《公羊义疏》用力甚勤而取材丰富，但缺乏公羊学派之宏阔思想及断制功夫，獭祭材料，殊少义理的发挥。但陈立也没有漏掉公羊学重要的微言大义，比如关于“三科九旨”，他说：

> 旧疏问曰：《春秋说》云，《春秋》设三科九旨，其义如何？答曰：何氏之意，以为三科九旨，正是一物，若总言之，谓之三科，科者段也。析而言之，谓之九旨，旨者意也。故何氏作“文谥例”云，三科九旨者，新周、故宋以《春秋》当新王，此一科三旨也。又云，所见异辞，所闻异辞，所传闻异辞，二科六旨也。又，内其国而外诸夏，内诸夏而外四夷，是三科九旨也。问曰：宋氏之注《春秋说》三科者：一曰张三世，二曰存三统，三曰风外内，是三科也。九旨者，一曰时，二曰日，三曰月，四曰王，五曰天王，六曰天子，七曰讥，八曰贬，九曰绝。时与日月，详略之旨也；王与天王天子是录远近亲疏之旨也；讥与贬绝则轻重之旨也。旧疏引“文谥例”又云，此《春秋》

五始、三科、九旨、七等、六辅、二类之义，以矫枉拨乱，为受命品道之端，正德之纪也。（《公羊义疏》一）

陈立也曾经引用以解《五始》《六辅》等义。孔广森之所谓“三科九旨”与何邵公不同，其实是杂采《春秋说》宋氏注。“三科”“三科九旨”陈立都罗列在一起，但这些科旨都意味着什么，他自己有什么理解与发挥，他没有说过。罗列材料而不知究竟，只能是獭祭而已。关于大一统，他也采集了一些材料，比如：

《汉书·王阳传》：王阳曰，《春秋》所以大一统者，六合同风，九州共贯也。《礼记坊记》曰：“天无二日，土无二王，国无二君，家无二尊，以一治之也。”即大一统之义也。《解诂笺》云：“大一统者，通三统为一统，周监夏商而建天统，教以文，制尚文。《春秋》监商周而建人统，教以忠，制尚贤也。”（《公羊义疏》一）

大一统是《公羊春秋》的理想，是开宗明义的首要义法。这种理论在后来中国历史上发生了无比作用，在处理多民族国家之政令统一方面，它发挥了正确理论，因而也取得了理想结果，何休于此义的解诂是恰当的。而“坊记”以中央集权为一统未免偏离；至于以通三统为一统，意义模糊，不知所指。陈立于此应当有说，但他只能罗列众说，既少断制，更无发挥。大一统应当是“太平世”的当然结果。陈立以为：

> 内其国而外诸夏，所传闻世也。内诸夏而外夷狄，谓所闻世也。至所见世则著治太平，夷狄进于爵，天下远近大小若一矣。（《公羊义疏》五四）

这是《公羊春秋》的原始义，夷狄而进于爵是大一统。但关于“三世”的安排，以春秋之昭定哀为所见世，是太平世。而事实上这是最不一统的“世”，也是最不太平的“世”，为什么公羊学家相反，以之为一统，为太平？为什么不依正统儒家之托古，把理想世界放在上古，以中国上古为理想的黄金世界？这是正统儒家与公羊学派最不一致的地方，或者说是齐学、鲁学之分。这种历史观的改变关系到他们的政治思想体系，把理想放到现在与未来，则要求变法改革，把理想放到上古，则要求复古；这是法先王、后王之所由分。《公羊》把理想世界放到后来，但后来的周天子已经沉沦，不具备“新王”的资格，于是以“鲁”当新王，但鲁小而弱，无制礼考文的水平，于是以“春秋”当新王。非天子不议礼、不制度、不考文，而《春秋》有此条件，故以《春秋》当新王。这些内在含义应为陈立所理解加以《义疏》，但陈《疏》于此茫然。

与陈立同时的公羊学者中，可以称作思想家者当推龚自珍。原《清儒学案》曾经指出：“定盦学出金坛段氏，后从武进刘氏受《公羊春秋》，遂大明西京之学。其见于文字者，推究治学本原，洞认周以前家法，同光学者，喜治《公羊》，托于微言大义，穿凿附会，浸致恣肆，此则末流之失，未可以议前人也。”（原《清儒学案·定盦学案》）旧案编者，尤其是托名主编徐世昌，本为保皇，对于变法维新，提倡《公羊》，不理解亦不接受，故云，“同光学者，喜治《公羊》，托于微言大义，穿凿附会，浸致恣肆，此则末流之失”。所谓同光末流指康有为等之维新党人，以儒家公羊义鼓吹变法改良，此为中国经学之为政治服务最末机会，因顽固派之反对而流产，徐世昌乃袁世凯党人，其识见居慈禧、袁世凯间，与之谈公羊变法，与虎谋皮矣！

龚自珍是一位有思想体系的公羊学家，不仅是传统的经师，且具有近代风貌的思想家，他曾经探讨过世界观、人生观，基础与上层建筑等各方面的哲学问题，在世界观万物生长生成的问题上，他曾经说：

古人之世，儵而为今之世，今人之世，儵而为后之世，旋转簸荡而不已，万状而无状，万形而无形，风之本义也有然。……

从虫之义，可得闻乎？曰，不从虫，则余无以知之矣。且吾与子何物？固曰倮虫。……天地至顽也，得倮虫而灵；天地至凝也，得倮虫而散。然而天地至老寿也，得倮虫而死；天地犹旋转簸荡于虫，知虫之自为旋转而簸荡者哉。……

谓天地之有死，疑者半焉；谓天地古今之续为虫之为，平心察之弗夺矣。许慎曰：风生百虫，故从虫。……道家者流，又言无形幺虫万亿，昼夜啮人肤，肤觉者亿之一耳，是故有老病死。是说也，予亦信之，要皆臣仆吾说。（《定盦文集》卷七《释风》）

这是一篇很有见识的哲学小品。首先他指出宇宙在发展，古之世变而为今之世，今之世变而为后之世，变化不已，如风之旋转簸荡，万状而无状，万形而无形。“风”一方面说明了宇宙的发展变化，一方面说明这宇宙的根源。宇宙无生命则为一凝固静止的宇宙，风从虫为生，“天地至顽也，得倮虫而灵；天地至凝也，得倮虫而散”。不得倮虫则天地不灵，不得倮虫则天地不活。天地虽老寿，因倮虫而有死亡。这是理学家人为天地立心的发挥；没有人则宇宙凝固不化，冥顽不灵。龚自珍提出更为根本的风与虫。虫是最原始的生命，而风是传播生命的媒介；没有它们宇宙无生气可言。但宇宙有生则有死，“谓天地之有死，疑者半焉；谓天地古今之续为虫之为，平心察之弗夺矣”。这是中外哲学家永远在探索的命题，龚自珍之说，在清代中国实为石破天惊的议论，其理论为时人所不及。后来章太炎詈之为儇薄小生，亦门户之见。

在方法论上，他也有值得称道的地方，他说：

> 万物之数括于三：初异中，中异终，终不异初。一匏三变，一枣三变，一枣核亦三变。大人用万物之数，或用其有，或用其空，或用其有名，或用其无名，或用其收，或用其弃。大人收者一而弃者九也，不以收易弃也。享，弃之积也。……哀乐爱憎相承，人之反也；寒暑昼夜相承，天之反也。万物一而立，再而反，三而如初。
>
> 天用顺数，圣人用逆数。逆犹往也，顺犹来也。生民顺也，报本始，逆也。冬夏顺也。冬不益之冰为之裘，夏不益之火为之葛，逆也。乱顺也；治乱，逆也。庖栖氏之“易”，逆数也。礼逆而情肃，乐逆而声灵。(《定盦续集》卷二《壬癸

之际胎观》第五）

他从万物之数说起，万物之数可以说明万物发生发展的规律，这规律用“数”来表示。万物都有初、中、始三变，在三变中，初与中不同，中与终不同，而终不异于初，他说，“一而立，再而反，三而如初”，这是辩证法的概念，是逻辑体系，一二三是正反合，三而如初，三并不就是初。他又谈顺逆问题，这是辩证逻辑的核心问题，有“有”，有“空”，有“有名”，有“无名”。这是对立统一问题。顺逆相承，天用顺数，天寒而益之冰，夏热而益之火；圣人用逆数，圣人不因冬寒益之冰而为之裘，不因夏热而益之火而为之葛，都是以逆承顺，无顺而圣人亦顺是无为，圣人有为以逆承顺，后世圣人之制礼作乐都是逆。顺犹来而逆犹往，一来一往遂构成一个发展的世界，这生动发展的世界，如风之旋转簸荡。

龚自珍也主张正名，公羊学派近乎荀子与法家，主张正名，本非意外，但他的正名不同于先秦诸子，却来自清代的朴学，以考据方法正名，这是他的外祖段玉裁所亲授；本来朴学主张名实相符。龚自珍要求去掉空谈之聪明，守朴拙之迂回，物物名名，不使有遁。所以他说：“古人文学，同驱并进，于一物一名之中，能言其大本大原，而究其所终极。综百氏之所谭，而知其义例，遍入其门径，我从而筦钥之，百物为我隶用。”（《定盦文集》上《与人笺》一）他要通过训诂小学以明名物之本原而达到正名的目的。因正名而言正心诚意以推极于国家天下，以达到“天下国家名实本末皆治”。清初顾炎武本来具有这种思想，他治音韵朴学所以通经，通经所以致用，他的《日知录》的目的即在于此。他不是一位脱离实际的小学家，他是由小学以上达。但后来的朴学家包括段氏与二王，并没有这种思想，也没有这样做过。从某一方面说，他们是在作正名的工作，但他们并不想下学而上达，他们的小学并不能和治国平天下联系在一起。他们使“纯朴”变为“聪明”，使“小学”变为“大学”，他们皓首穷经，毕生考索，但止于此。龚自珍和他们的意见不同，他认为“大学”中不仅有治国平天下，也有性与天道，他说：

> 敢问问学优于尊德性乎？曰，否否。是有文无质也，是因迭起而欲偏绝也。圣人之道，有制度名物以为之表，有穷理尽性以为之里；有诂训实事以为之迹，有知来藏往以为之神，谓学尽于是，是圣人有博无约，有文章而无性与天道也。（《定盦续集》卷三《江子屏所著书叙》）

道问学与尊德性的轻重缓急是中国思想史上有过激烈争论

的问题，朱熹、陆九渊于此有相反的看法，而龚自珍重新收拾起来评价，他认为“学问”“德性”是一文一质、一表一里的问题，不能偏重。圣人之道有文物制度为之表，有穷理尽性为之里。如果以“道问学”优于“尊德性”是有博无约，有文章而无德性。但他的“道问学”就是“小学”，而“小学”是上达的根本。自有小学以来未曾有过这样的评价，顾炎武外，龚自珍是这样评价“小学”的第一人。龚自珍时代已经是自然科学发皇的时代，他所评价的“小学”近于自然科学的方法，讲究证据，讲究逻辑思维，但因探讨的对象不同，结果自然歧异。但我们不能忽视这种方法，他说立强记之法是书之始，有书则有文，有文则有字，而字有声、形、义。立测之法是数之始，数始于一，极于九，是谓算。有算法则能测，测日月星，测地；日月星地既可测则有历。民性能辨而有四方，东西南北都以日之出入为标极，是方位之始。(《定盦续集》卷二《壬癸之际胎观》第二）他这种朴素的方法论，认识到文字的源流，数学的源流，天文历法的源流，地理学及空间的知识；在朴学、义理以外，他发现了近代自然科学，虽然他没有从事这种学科，但他注意到了而且有所认识是应当肯定的。

在政治思想方面，因为他出自公羊学派，所以多新奇可喜的议论。比如对于私有制的“私”字，他持有不同于流俗的见解。

敢问私者何所始也？告之曰：天有闰月以处赢缩之度，气盈朔虚；夏有凉风，冬有燠日，天有私也。地有畸零华离，为附庸闲田，地有私也。日月不照人床闼之内，日月有私也。

圣帝哲后，明昭大号，劬劳于在原，咨嗟于在庙，史臣书之，究其所为之实，亦不过曰庇我子孙，保我国家而已。何以不爱他人之国家而爱其国家？何以不庇他人之子孙而庇其子孙？……圣哲之所哀，古今之所懿，史册之所记，诗歌之所作。……寡妻贞妇何以不公此身于都市？乃私自贞私自葆也。

且夫子哙天下之王公也，以八百年之燕，欲予子之。汉哀帝天下之至公也，高皇帝之艰难，二百祀之增功累胙，帝不爱之，欲以予董贤。由斯以谭，此二主者，其视文、武、成、康、周公，岂不圣哉！……

且夫墨翟天下之至公无私也，兼爱无差等，孟子以为无父。杨朱，天下之至公无私也，拔一毛利天下不为，岂复有干以私者，岂复舍我而徇人之谒者？孟氏以为无君。且今之大公无私者有杨、墨之贤耶？杨不为墨，墨不为杨，乃今以墨之理济杨之行；乃宗子哙，肖汉哀；乃议武王周

> 公，斥孟轲；乃别辟一天地日月以自处。(《定盦续集》卷一一《论私》)

他说从天、地、圣、哲到寡妇贞女无不有私；相反，燕王哙无私以八百年之燕让子之，汉哀帝无私以二百祀之汉让董贤；而斥文、武、成、康、周公之为有私。然墨翟、杨朱无私而孟子斥之为无父无君，是有私胜于无私。否则必将斥孟轲而别择一天地日月以自处。他高度评价了“私”字，因而说：“今曰大公无私，则人耶，禽兽耶？”私有制的起源、家庭和国家的起源是世界文明的开端，龚自珍虽然没有这样联系起来，但是言及相关的问题。在奴隶社会和封建社会，虚伪的道德学说掩盖了奴隶主与封建主的私有欲，因此他们讳言“私”，以为是不道德的行为。在资本主义资产阶级赤裸裸地提倡“私”字，歌颂私有，以“私”为天下之大公。龚自珍的尚私，无疑反映了这种事实，反映了中国资本主义萌芽期的私有愿望，这是新的价值观念。他又说：“夫天寒暑风雨露雷必信，则天不高矣。寒暑风雨露雷必不信，则天又不高矣。”天不以信或不信示人以高或不高；天且首鼠两端，何况于人！这是对“言必信”的挑战。龚自珍是善于思考的人，有崭新独立的见解，对于阶级社会中的一系列问题，都有所议论，他曾说：

有天下，更正朔，与天下相见谓之王。佐王者，谓之宰；天下不可以口耳喻也。载之文字谓之法，即谓之书，谓之礼；其事谓之史职，以其法载之文字而宣之士民者，谓之太史，谓之卿大夫。天下听从其言语，称为本朝。奉租税者谓之民，民之识立法之意者谓之士，士能推阐本朝之法意以相诫语者，谓之师儒。王之子孙，大宗继为王者，谓之后王。后王之世之听言语奉租税者，谓之后王之民。王若宰，若大夫，若民相与以有成者谓之治，谓之道。若士若师儒法则先王、先冢宰之书以相讲究者，谓之学。师儒所谓学有载之文者，亦谓之书。是道也，是学也，是治也，则一而已矣。(《定盦文集》上《乙丙之际著议》第六)

他以为得有天下者颁布正朔，是为国王，佐王者谓之宰。而有法有书有礼，有太史有卿大夫，天下听从其语言，是为朝廷。纳租税者为民，民有识谓之士，士之中有师儒。王之子孙大宗者继立为后王，王与宰与大夫与士与民相与以有所成就者谓之治，谓之道。道也、学也、治也乃成一体。这一系列重大问题，国家之同立，阶级之划分，平实而合理，他没有假借上帝或神权，而前期公羊学者，比如董仲舒说："受命之君，天意之所予也。"(《春秋繁露·深察名号》)两相比较已相去甚远。龚自珍谈有天下颁正朔是为国王而不及大一统，大一统在过去只是政治概念，在前期，即使是法家与"公羊"虽谈一统、谈改革，但鲜及社会性质之变迁，清初学者如顾炎武等大师，以封建郡县制为腐败，但无进一步想法，只要去郡县而复封王，他们没有改变社会性质的想法。龚自珍而后不谈政治上之大一统而注意到社会制度之改革及其变迁，至清末遂以大同代大一统。

龚自珍是一位哲学家，关于宇宙之来源问题，他说：

> 天地，人所造，众人自造，非圣人所造。圣人也者，与众人对立，与众人为无尽。众人之宰，非道非极，自名曰我。我光造日月，我力造山川，我变造毛羽肖翘，我理造文字言语，我气造天地，我天地又造人。我分别造伦纪。……人也者人所自造，非圣造，非天地造。(《定盦续集》卷二《壬癸之际胎观》第一)

这些意见现在看起来平庸，但在当时却如春雷。人创造了一切，天地人所自造，非圣人所造；人也者人所自造，非圣造，非天地造。而众人之宰是我，即人之自己。"众人之宰，非道非极，自名曰我。"这是地道的人本主义，以我为主，我是一切，我是上帝，我是主宰。天地无人，实等于无物，有人然后有物，有主宰，有圣人。这是一篇向上帝神权，向皇帝君权的挑战书。

根据公羊派的理论，龚自珍也鼓吹“三世说”，但有他自己的三世说。他在《五经大义终始答问》九篇中以各种典章制度配三世。又分据乱、升平、太平三世为大、中、小。《答问八》说：“通古今可以为三世，春秋首尾亦为三世，大挠作甲子，一日亦用之，一岁亦用之，一章一蔀亦用之。”可惜他没有详细论证。在具体的政治设施方面，在今文经中无可借鉴，于是他也向古文经《周礼》中寻求答案，他曾经说，“圣世所用，实是《周礼》”。(《定盦续集》卷二《保申正名》）处在封建社会后期的学者而谈社会政治之改革，面向未来不易，因为他们看不到新社会的面貌，他们处于闭关时代，无法向外，而只能内寻，面向过去，在历史中找答案，所以龚自珍的政治主张实近于顾炎武而提出宗法封建。他曾经说：“礼莫初于宗，惟农为初有宗。上古不讳私，百亩之主，必子其子；其没也，百亩之亚旅，必臣其子；余子必尊其兄，兄必养其余子。父不私子则不慈，子不业父则不孝，余子不尊长子则不弟，长子不赡余子则不义。长子与余子不别则百亩分，数分则不长久，不能以百亩长久则不智。”(《定盦文集》卷上《农宗》）他使宗法与井田制结合，以为可以维持井田制于不衰，这是他理想的社会制度。虽然他没有提出新的社会制度而复古，他的时代还早一些，清代大门还没有打开，学者的思想还有大的局限，他们惯于纵深探讨，向历史寻出路，而没有横向探索的道路。但我们注意到谈公羊而不涉及大一统，是他们的注意力已从政治制度走向社会改革，至康有为遂以“大同世界”代大一统而完成这一过渡。

魏源也是喜谈今文经的学者，他曾经说：

> 今世言学，则必曰东汉之学胜西汉，东汉郑许之学综六经。呜呼！二君惟六书，“三礼”并视诸经为闳深，故多用今文家法。及郑氏旁释《易》《诗》《书》《春秋》，皆创异门户，左右今古。其后郑学大行……谶诗盛，经术卑，儒用绌，晏、肃、预、谧、赜之徒始得以清言名理并起持其后。东晋梅赜《伪古文书》遂乘机窜入，并马、郑亦归于沦佚。西京微言大义之学，坠于东京；东京典章制度之学，绝于隋唐；两汉故训声音之学，熄于魏晋，其道果孰隆替哉？（《魏源集》上《两汉经师今古文家法考叙》）

以上云云，是与不是间杂其中，谶纬源于今文经学及传统迷信思想，与郑学不相干，而清言名理之学与古文经无关，又谓微言大义绝于东京，实际公羊之微言，至东京何休而大显；此后才绝，而“汉学”成为与义理之学互相对立的学派。

西汉有西汉的经学，东汉有东汉的经学，两汉同有经学而学风不同。西汉经学大显于董仲舒，他受有先秦思孟一派天命论的思想而使他成为儒教的鼓吹者，因为儒家宗教化而使经与纬结合。他也接受了荀子一派的思想体系，而使他的主张有时近于法家。五行说大兴于思孟学派，三统说则因五行说而产生，它与公羊及荀子学派相近。荀子之所谓“道不过三代”和公羊的三世说，即三统说的前身，而董仲舒的改制主张尊三统，但他也鼓吹五行。魏源也曾经说：

> 且夫文质再世而必复，天地三微而成一著。今日复古之要，由诂训、声音以进于东京典章制度；此齐一变至鲁也；由典章制度以进于西汉微言大义，贯经术故事文章于一，此鲁一变至道也。（《魏源集》上《两汉经师今古文家法考叙》）

这“齐一变至鲁，鲁一变至道”，也可以说成“据乱、升平、大同”三世。清初顾炎武有志于经世之学，虽治训诂声韵，乃由训诂声韵以通经，由通经而致用。魏源具有类似的见解，他说："盖自四始之创明而后周公制礼作乐之情得，明乎礼乐而后可以读《雅》、《颂》。自迹熄《诗》亡之谊明而后《春秋》继《诗》之谊章。明乎《春秋》而后可以读《国风》。……礼乐者，治平防乱，自质而之文;《春秋》者，拨乱返质，由文而返质。故《诗》之道，须上明乎礼乐，下明乎《春秋》，而后古圣忧患天下来世之心，不绝于天下。"(《诗古微》）他以为《诗》与《春秋》都是礼乐制度之所托。周公之礼乐存乎《诗》，"诗亡然后《春秋》作"，是孔子继周公而议礼，制度考文。《诗》与《春秋》说明文质反复演变的道理，乃《公羊》之三统说。魏源尊奉董仲舒，以为其《三代改制质文》一篇，乃穷天人之绝学。董仲舒以为一个新王朝建立后，过去的王降王位而为帝皇，其子孙则赐予小国，使祀其祖先；对本朝的前两代，则奉为本朝的国宾，使他们保有原来的服色、礼乐，和本朝并称"三王"。所以以周为新王则夏殷为二王后，而黄帝、颛顼、帝喾、尧、舜叫作"五帝"；"五帝"以前的神农则降为"九皇"；九皇以上则下放为民了。如果以《春秋》当新王，则殷周为二王后，夏就被绌称帝了。这厚今薄古的办法，和《公羊》的三世说相通。这种思想体系进退于儒法之间，魏源的思想正好如此。他尊西京而贬东汉，重董生而轻何休，以此在公羊学上，他祧《解诂》而祖《繁露》。我们以为何休是东汉为《公羊》作总结的人，在

《公羊》本身的发展上，这是前进一步；但魏源不作如是观。有此偏斜，遂使今文经学与理学更加紧密结合，因为西汉董生被尊为儒家正统，在道统上，上接孔孟，而下接程朱；西京之学却与宋儒灵犀相通，而宋代理学家亦大谈《春秋》。

《公羊春秋》主旨为“三科九旨”，无“三科九旨”则《公羊》鲜“非常异义可怪之论”。但“三科九旨”仅见于何休之《解诂》，魏源却以为何休书上本于董生、胡母生；董生之书，“三科九旨”大备，是以“抉经之心，执圣之权，冒天下之道生，莫如董生”。尊崇董生的结果，是他的思想进退于儒法之间。他主张变法而不轻言变法，他说：“君子不轻为变法之议，而惟去法外之弊，弊去而法仍复其初矣。”(《魏源集》上《默觚下·治篇四》)法与社会本质相符，变法总是对旧社会有所改革，不变法而欲变社会为不可能，魏源还没有改变旧封建社会的意图，虽然他已经接触到资本主义社会的边缘，但他没有勇气走入这新的社会，他的思想中不具备这资本主义社会的蓝图，所以他主张变，又主张不变。他虽然提倡“师夷人之长技以御夷”，但也只是坚甲利兵，知己知彼的攻守政策。他不理解封建社会不可能产生资本主义的工业生产。

魏源总是在瞻前顾后，进退维谷，他坚持不变之道，不易之易，这就给以后的“中学为体，西学为用”的学说建立下基础，“中学”不变，而西学可为中用。用魏源的话说，他们是以经术治国而不是以法治国，他说：

> 曷谓道之器？曰礼乐。曷谓道之断？曰兵刑。曷谓道之资？曰食货。道形诸事谓之治；以其事笔之方策，俾天下后世得以求道而制事，谓之经；藏之成均、辟雍、掌以师氏、保氏、大乐正，谓之师儒。师儒所教育，由小学进之国学，由侯国进之王朝，谓之士。士之能九年通经者，以淑其身，以形为事业，则能以《周易》决疑，以《洪范》占变，以《春秋》断事，以《礼》《乐》服制兴教化，以《周官》致太平，以《禹贡》行河，以三百五篇当谏书，以出使专对，谓之以经术为治术。曾有以通经致用为诟厉者乎？以诂训声音蔽小学，以名物器服蔽《三礼》，以象数蔽《易》，以鸟兽草木蔽诗，毕生治经，无一言益己，无一事可验诸治者乎！(《魏源集》上《默觚上·学篇九》)

他以为道之形于事谓之治，道之笔于书谓之经。士在九年通经后，能以《周易》决疑，以《洪范》占变，以《春秋》断事，以《礼》《乐》服制兴教化，以《周官》致太平，以

《禹贡》行河，以《诗经》当谏书并出使专对，此之谓通经致用；相反蔽于训诂小学，服器制度，毕生治经，无益于己，无事可治。魏源以公羊学家而谈通经致用，是其本色，但通经而不及《公羊》，未免数典忘祖。《公羊》主张大一统，主张尊王攘夷，魏源在对待资本主义国家入侵的问题上，未背经旨，他主张抵抗；在鸦片战争问题上，他是禁烟派的代表人物，他支持林则徐等人的抗英斗争，但有不同于林则徐的策略。他说：

> 《春秋》之义，治内详，安外略。外洋流毒，历载养痈。林公处横流溃诀之余，奋然欲除中国之积患，而卒激沿海之大患。其耳食者争咎于勒敌缴烟，其深悉详情者，则知其不由缴烟而由于闭市。其闭市之故，一由不肯具结，二由不缴洋犯。然货船入官之结，悬赏购犯之示，请待国王谕至之禀，亦足以明其无悖心。且国家律例，蒙古化外人犯法，准其罚牛以赎，而必以化内之法绳之，其求之也过详矣。……
>
> 夫戡天下之大难者，每身陷天下之至危；犯天下之至危者，必预筹天下之至安。古君子非常举事，内审诸已，又必外审诸时。同时人材尽堪艰巨则为之，国家武力有余则为之，事权皆自我

操则为之。承平恬嬉，不知修攘为何事……如此而欲其静镇固守，严断接济，内侯船械之集，外联属国之师，必沿海守臣，皆林公而后可，必当轴秉钧，皆林公而后可。始既以中国之法令望诸外洋，继又以豪杰之猷为望诸庸众，其于救敝，不亦辽乎！（《魏源集》上《道光洋艘征抚记》）

他在论鸦片战争的得失，这是攘夷的事业。他以为林则徐为除中国之积患而率激沿海之大患，主要原因是不了解敌情，他以为英国本无“悖心”，也就是他们并没有侵略野心，只是要通商。对待他们，应当和清朝对待蒙古那样，蒙人犯法准其罚牛以赎，就是照顾到彼此情况不同。平定天下大难的人，每身陷天下之至危，所以犯天下之至危的人须还筹天下之至安。当时的清廷还没有战胜英人的条件，既不知己也不知彼，既无战备又无人才，没有取胜可能。评论有是处，但知己而不知彼，当时英国正处于发展初期，火与血的时代，野心勃勃，以其区区而欲囊括天下，岂无“悖心”！魏源乃不识资本主义国家之嗜血成性者！

魏源处于一个矛盾百出，朝政腐败而没法解脱的时代，有识之士，只能求之于传统经师，而公羊非保守派，以其恣肆之思想，益以新知，可以有所作为，康梁出而形势变。

康有为的今文经学及其大同思想

魏源对于清末公羊学派之维新志士是一位先驱，康有为曾经说过："……始知西人治国有法度，不得以古旧之夷狄视之，乃复阅《海国图志》《瀛寰志略》等书，购求地理图，渐收西学之书，为讲西学之基矣。"（《自编年谱》）在乾隆时代还是把西洋当作中国古代的夷狄，此后在康有为的时代，关已粉碎，闭不可能，在学问和知识的探索上，除《海国图志》等书外，他又接受了西方最新成就如进化论、民约论、民主议会思潮、空想社会主义以及一些自然科学的知识，并以之结合公羊学派中的三世说,《礼运》中的大同思想；以新知益旧学，遂使其思想具有为新兴的资产阶级改良主义政治服务的内容。这对于传统的今文经学——公羊派来说，发展到一个新的阶段，使今文经学超越自我，由为封建社会服务的学说，变为新兴资产阶级开路者，直至民国年间，经学脱离政治，公羊学说仍然为古史辨派一直沿用的方法论。

以新知益旧学之旧学即今文经学，今文经学自乾嘉以来至清末亦有长足发展，康有为自谓其《新学伪经考》受有魏源《诗古微》及刘逢禄《左氏春秋考证》的影响，这是无可置疑的，为学之道，譬如积新，后人胜过前人，理所当然。但与康有为同时之经学大师廖平，同类著作或早于康，而两人曾有交结，有为习闻其说，因而有所启发。廖平自述说："丁亥（1887年）作《今古学考》，戊子（1888

年）成为二篇，述今学为《知圣篇》，古学为《辟刘篇》。庚寅，晤康长素于广州，议论相克。逾年，《伪经考》出，倚马成书，其绝伦矣。”（《经话甲篇》卷二）又说：“外间所祖述之《改制考》即祖述《知圣篇》，《伪经考》即祖述《辟刘篇》。”（《经学四篇记》）康有为的《新学伪经考》及《孔子改制考》问世后，在思想界及政治界引起轩然大波，梁任公曾比之为“飓风”，为“火山喷”，于此廖平曾致函康有为曰：“吾两人交涉之事，天下所共闻知，余不愿贪天之功为己功，足下之学自有之可也。然足下深自讳避，使人有向秀之谤，每大庭广众中，一闻鄙名，足下进退未能自安，浅见者又或以作俑驰书归咎，鄙人难于酬答，是吾两人皆失之也。”（以上俱见《廖季平学术思想研究》一书内第七章《廖平与康有为》）迫责颇严。康廖两家同时都是今文经师，各有千秋，廖著在前，康氏上述两书，受有廖氏《今古学考》影响，康氏弟子梁任公亦不讳言，但康氏著作枝叶扶疏，大气磅礴，当时少有。其书受廖著启迪而有所发挥，亦学术界常事，但不必谓之为“祖述”或“抄袭”。

廖平先生具有公羊传统，其说多变。蒙文通先生在《井研廖平师与近代今文学》（见《廖季平年谱》附录）一文，详细描述了季平先生学术发展过程。以为季平先生初治《穀梁》，后乃知《穀梁》与《王制》相通。《王制》者孔氏删经自订一家之制，一王之法。遂以《穀梁》《王制》

为今文学正宗，而《周官》为古学正宗，以《公羊》齐学为消息于今古学之间。就礼制以立言，此廖说之根荄所在。于是变法之议起，潘祖荫、翁同龢当国而《公羊》之说大行，世之学者皆竞言改制。《穀梁》释经本义密于《公羊》，故由《穀梁》而治《公羊》，其事兹易。廖先生遂以《公羊》名家。《穀梁》实为鲁学大宗，而《公羊》为齐学巨擘。《穀梁》乃以礼说今文者为鲁学遗规；《公羊》乃以纬说群经者，为齐学成法。此今文中二派对峙之主干，经学固以鲁人为嫡传，而纬书者乃齐人之大本。何休训《公羊》，改制之说推本于王鲁，王鲁之说推本于隐公元年，以诸侯不得有元年，鲁隐之有元年，实孔子王鲁之义，亦即改制之本。然《左氏》称惠之二十四年、惠之十八年，《晋语》自以献公以下之纪年，诸侯之得改元，《春秋》著之。《白虎通义》谓天子改元，即事天地；诸侯改元，即事社稷；则礼家断其义，安在隐公元年即是王鲁，而衍其说于改制？由改制故言托古，改制之事不实，则托古之说难言。季平先生由《穀梁》而兼治《公羊》，故主礼制而不废神运之说，实以鲁学而兼治齐学，其长在于春秋礼制，神运之说尚非所长。

季平先生之说既推本于礼制，而今古文礼制异教，学判今古，势必进而推明其致异之故。先生初年之学，以为今文者孔子晚年之定论，邹鲁之士实闻之；古文者孔子初年之学，赵燕之士皆闻之。孔子初年之学主从周，远方之士闻而先归者实得之，于后为古文学。晚年修《春秋》，则损益四代之制，自为一王之法，唯乡党之士闻之，于后为今文学。及与康有为相见于广州，康氏遂本廖先生之《今古学考》、《古学考》以作《新学伪经考》；本《知圣篇》以作《孔子改制考》。康氏之学实以龚魏为依归，而未穷廖先生之底蕴。梁任公谓康氏学非自廖氏，而盛推龚魏以及南海，是为实录。唯《伪经》《改制》二书不能谓非受影响于廖先生。廖先生闻康氏以《左氏》《周官》诸书皆刘歆所伪作，信而用之，遂作《周礼删刘》，此当廖先生学之一变，是为康氏之学影响于廖先生。然刘歆伪经之说，终有破绽，先生于此，久而不安，复由《大戴》《管子》上澄《周官》之非诬，则又易而为大统、小统之说。以今文为小统，孔子所以治中国，方三千里学也。以古文为大统，孔子所以理世界，方三万里学也。由《小戴》言小统，由《大戴》言大统；小统主《春秋》，大统主《尚书》《周礼》。推而致之，文字孔作也。故廖氏之学,《春秋》其大宗，礼制其骨干，而学亦闳远，世之讥笑亦随之。

文通先生为廖氏之入室弟子，所得殊多，蒙先生本身亦为经史大师，旁通释氏书，所述廖氏学，得其英华亦能指其缺憾，而论康廖之争，言论平实，两君乃互为影响者。予壮时亦曾读廖先生书，但所得远不如蒙先生，故撮录其说如上。所谓小统、大统之说，当本于大一统义而有所发挥,《公羊》固多非常异义可怪之论，至廖氏而淋漓尽致。廖宗泽先生之《六译先生年谱》于1913年，先生六十二岁时，曾有：

> 旅宗同乡举行欢迎会于湖广会馆，请先生讲演，所讲为“孔学关于世界进化退化与大同小康之宗旨”。

廖先生而论大同、小康，是公羊三世说，乃康有为先生学说之骨干处，两先生固互为影响者，惜不见其辞，不知其所发挥。

我们曾经说过康有为以新知益旧学，遂使古老的公羊学派具有崭新的思想内容，他不同于过去的公羊学家用原有的方案医治封建社会的创伤，使之恢复封建社会的活力。康有为用了新方案，这方案是在封建地主阶级的利益不被抹杀的情况下，建立起一个新的资本主义社会。在过去，我们知道龚自珍、魏源都有过朦胧的资本主义社会的蓝图，廖平虽晚，但是传统公羊体系，而康有为对于新社会的要求更加明确起来，这使公羊学派焕发出青春的气息。

康有为的思想，恣肆激荡，一如传统公羊之多非常异义可怪之论。为了变法维新，他知道应当树立思想上的权威，有了权威，以之作为方法向当时的旧势力宣战。他建立起两种权威，以期达到“大同世界”的理想。我认为这两种权威和一个目标是康有为学术思想及政治理论之逻辑发展的必然。他的两种权威是：①公羊经学的权威；②孔子改制的权威。一个理想的目标是：大同世界。

不建立公羊经学的权威，他不仅没有变法维新的理论根据，也没法论明孔子之托古改制；没有孔子的托古改制，那么康有为之鼓吹变法就缺乏传统经典上的依据，这传统的依据是对付顽固派的最佳方案。他把托古改制作为方法手段来抗衡顽固的保守派，“非圣无法”的头衔套在顽固派的头上是最近选择。康有为把孔子说成教主、素王；利用这教主的权威，以达到政治上的目的。这些，康的弟子梁任公看得清楚，他曾经说：

> 有为谓孔子之改制，上掩百世，下掩百世，故尊之为教主；误以欧洲之尊景教为治强之本，故恒欲侪孔子于基督，乃杂引谶纬之言以实之，于是心目中之孔子，又带有神秘性矣。(《清代学术概论》二十三）

康有为以为欧洲之强由于有宗教基督之权威，故引谶纬以造成孔子之教主地位，从而达到变法维新目的，一如欧洲各国之富强。

树立权威不是轻而易举的事。康有为认为在中国历史上曾经有过两次"造经""造史"运动，一次是孔子，一次是刘歆。两次之"造"，都是为了他们的政治目的。康有为在《孔子改制考叙》中说：

> 天既哀大地生人之多艰，黑帝乃降精而救民患，为神明，为圣王，为万世作师，为万民作保，为大地教主。生于乱世，乃据乱世而立三世之法，而垂精太平；乃因其所生之国而立三世之义，而注意于大地远近大小若一之大一统。乃立元以统天，以天为仁，以神气流行而教庶物，以不忍心而为仁政。合鬼神山川、公侯庶人、昆虫草木一统于其教，而先爱其圆颅方趾之同类，改除乱世勇乱战争角力之法，而立《春秋》新王行仁之制。其道本神明，配天地，育万物，泽万世，明本数，系末度，小大精粗，六通四辟，无乎不在。此制乎，不过于元中立诸天，于一天中立地，于一地中立世，于一世中随时立法，务在行仁，忧民忧以除民患而已。《易》之言曰："书不尽言，言不尽意。"《诗》《书》《礼》《乐》《易》《春秋》为其书，口传七十子后学为其言。此制乎，不过其夏葛冬裘，随时救民之言而已。

以孔子为教主，并创儒教，在《孔子改制考》中有《孔子创儒教改制考》，开宗明义说：“凡大地教主，无不改制立法也。……中国义理制度皆立于孔子，弟子受其道而传其教，以行之天下，移易其旧俗。”义理制度皆立于孔子，在制度中主要是：生于乱世而立三世法。这是一种历史哲学，公羊学派中的核心所在。康有为在《礼运注》中曾有所发挥道：“大道者何？人理至公，太平世大同之道也。三代之英，升平世小康之道也。孔子生据乱世而志则常在太平，必进化至大同，乃孚素志。至不得已，亦为小康，而皆不逮，此所由顾生民而生哀也。”是以《礼运》中的小康、大同结合《公羊》中的三世说；这在公羊学派中是一种突破与跃进，是一种解释上的新潮。从此，三世的概念遂为社会性质上的含义，而大同代大一统，遂由政治上的一统，变作社会性质上的变革。这些都被说成孔子的垂教，这些垂教保存在他的书与言中，书即六经，言即《论语》。六经为孔子所自造，是我国历史上第一次造经造史运动。孔子造经的目的是改制，其后刘歆造经也是为了改制，为了王莽篡改汉制。只是第一次造经是真经，而刘歆所造经为伪经，所以有康有为的大著《新学伪经考》以发其覆。康有为说：

孔子为教主，为神明圣王，配天地，育万

物，无人、无事、无义不范围于孔子大道中，乃所以为生民未有之大成至圣也！而求孔子之大道乃无一字，仅有弟子所记之语录曰《论语》，据赴告策书钞誊之断烂朝报曰《春秋》耳。若《诗》《书》《礼》《乐》《易》，皆伏羲、夏、商、文王、周公之旧典，于孔子无与，则孔子仅为后世之贤士大夫，比之康成、朱子尚未及也，岂足为生民未有，范围万世之至圣哉？章实斋谓集大成者周公也，非孔子也，其说可谓背谬极矣。然如旧说《诗》《书》《礼》《乐》《易》皆周公作，孔子仅在明者述之之列，则是说岂非实录哉？汉以来皆祀孔子为先圣也，唐贞观乃以周公为先圣，而黜孔子为先师。孔子以圣被黜，可谓极背谬矣。然如旧说，《诗》《书》《礼》《乐》《易》皆周公作，孔子仅在删赞之列，孔子之仅为先师而不为先圣，比于伏生、申公岂不宜哉？然以《诗》《书》《礼》《乐》《易》为先王周公旧典，《春秋》为赴告策书，乃刘歆创伪古文后之说也。歆欲夺孔子之圣而改其圣法，故以周公易孔子也，汉以前无是说也，汉以前咸知孔子为改制教主，知孔子为神明圣王。庄生曰："春秋经世先王之志。"荀子曰："孔子明智且不蔽，故其术足以为先王也。"故宰

> 我以为贤于尧、舜，子贡以为生民未有也。孔子之为教主，为神明圣王，何在？曰，在六经。六经皆孔子所作也，汉以前之说莫不然也。学者知六经为孔子所作，然后孔子之为大圣，为教主，范围万世而独称尊者，乃可明也。知孔子为教主，六经为孔子所作，然后知孔子拨乱世致太平之功，凡有血气者，皆日被其事殊功大德，而不可忘也。……
>
> 孔子所作谓之经，弟子所述谓之传，又谓之记，弟子后学展转所口传谓之说，凡汉前传经者无异论，故惟《诗》《书》《礼》《乐》《易》《春秋》六艺为孔子所手作，故得谓之经，如释家佛所说为经，禅师所说为论也。……(《六经皆孔子改制所作考》)

既然以孔子为教主，为神明圣王，必申明其为教主、为神明圣王的原由。理由何在？因为六经皆孔子作。如仅事删赞只可比于汉之伏生、申公，何有于大圣！“学者知六经为孔子所作，然后孔子之为大圣，为教主，范围万世而独称尊者，乃可明也。”出于孔子手作者谓之“经”，弟子所述谓之“传”，一如释家，佛所说为“经”，禅师所说为“论”。用这种方法来说明孔子的权威，并用以说明六经的权威。

而六经乃用以改制，康有为遂有《孔子改制考》！

汉刘歆也曾造经，他造经也是为了改制。经既由人造，应当不分真伪，只分先后，或者分孔造经、刘造经。今文经是孔子造，时代在前，古文经是刘歆造，时代在后；他们造经的目的都是改制。但刘歆未具有孔子的权威，以致第二次造经被说为《伪古文经》。康有为说："王莽以伪行篡汉国，刘歆以伪经篡孔学，二者同篡，二者同伪，伪君伪师，篡君篡师，当其时一大伪之天下，何君臣之相似也。"(《新学伪经考》之《汉书刘歆王莽传辨伪第六》）篡君伪师不具备造经改制的权威，于是王莽改制不成而刘歆所造为伪经。康有为遂有《新学伪经考》！

孔子不仅造经而且造史，史而可造，何事而不可造？康有为说：

> 尧舜为民主，为太平世，为人道之至，儒者举以为极者也。然吾读书，自《虞书》外，未尝有言尧、舜者。《召诰》曰："我不可不监于有夏，亦不可不监于有殷。"又曰："我不敢知曰有夏服天命，惟有历年；我不敢知曰有殷受天命，惟有历年。"又曰："丕若有夏历年，式勿替有殷历年。"《多方》曰："非天庸释有夏，非天庸释有殷。"《立政》曰："古之人迪惟有夏……亦越成汤陟，丕釐

上帝之耿命。”皆夏、殷并举，无及唐、虞者。盖古者大朝惟有夏、殷而已，故开口辄引以为鉴。尧舜在洪水未治之前，中国未辟，故《周书》不称之。惟《周官》有“唐虞稽古，建官惟百”之言，然是伪书，不足称也。《吕刑》有三后矣，皇帝清问下民。古人主无称皇帝者，盖上帝也，则亦无称尧舜者。若《虞书·尧典》之盛，为孔子作，观《论衡》所述“钦明文思”以下为孔子作。皋陶有“蛮夷猾夏”辞，尧、舜时安得有夏？其为孔子所作自明矣。韩非谓孔、墨同称尧、舜，而取舍相反，尧舜不可复生，谁使定孔墨之真？由斯以推尧舜自让位盛德，然太平之盛，盖孔子之七佛也。《孝经纬》所谓“托先王以明权”。孔子拨乱升平，托文王以行君主之仁政，尤注意太平，托尧舜以行民主之太平，然其恶争夺而重仁让，昭有德，发文明，《易》曰：“言不尽意。”其义一也。特施行有序，始于粗粝而后致精华，《诗》托始文王，《书》托始尧、舜，《春秋》始文王终尧舜，《易》曰：“言不尽意。”圣人之意，其犹可推见乎？后儒一孔之见，限于乱世之识，大鹏翔于寥廓，而罗者犹守其薮泽，悲夫！（《孔子改制考·孔子改制法尧舜文王考》）

他说，孔子托尧、舜行民主立太平，托文王行君主之仁政。尧舜而行民主，由孔子造。孔子以民主为太平世之极致，康有为亦欲行民主，致太平。孔子要改制，康有为也要改制，而改制必须托古，以表明古圣先王之太平本如是也，作为历史根据。所以他说："荣古而虐今，贱今而贵远，人之情哉！耳目所不睹闻，则敬异之，人之情哉！……古之言莫如先王，故百家言多言黄帝尚矣；一时之俗也。当周末诸子振教，尤尚寓言哉！"(《孔子改制考·诸子改制托古考》）其实也就是理想一个社会，而托古圣先王已实行之而致太平。这个社会说古代实有是寓言，在康有为的思想中则拟将理想变作现实。他在把西方已经实行的民主政治现实，托诸中国的现实，而把中国古代已经行过的太平世，取回来作为新中国的现实。在闭关的中国，不能说效法西洋，而把西洋现代变作中国古代，使传统喜欢复古的人容易接受，因为人们本来是"荣古而虐今，贱今而贵远"。况且孔子大圣，是绝对权威。孔子《春秋》之始于文王，终于尧舜也是由小康到大同的过程。

孔子在造经造史，刘歆也在造经造史。刘歆盖与孔子分庭抗礼者，章太炎就是这样评价刘歆，而说刘歆之功大于孔丘。其实康有为也在造经造史，他通过造经造史以树立自己的权威，而达到在清廷变法维新的目的。孔子被称作教主、素王，而康有为号曰"长素"。孔子造经造六经，造史造尧舜；刘歆造经造古文经，造史造《世经》；康有为造经造《新学伪经考》，造史造《孔子改制考》，所造经史不同，而其目的则一，都是为了改制。

康有为的政治理想不止于小康，“他一方面运用达尔文的进化论观点，把公羊家三世的学说和《礼运》大同、小康的学说融合在一起，建立了改良主义者循序渐进的历史进化论的思想，又一方面运用‘天赋人权’的观点和空想社会主义观点，画出了改良主义最高理想的社会轮廓——人人皆公的大同社会”。(《中国历代哲学文选》康有为）这个说明指出康有为以新知益旧学的过程；但三世说的进化观点不必来自达尔文，三世说本身就是发展的历史观，原来的《公羊》三世说本来把太平世放在未来而不是过去。康有为以尧舜为太平世，是附合他的孔子改制说，而尧舜的太平，不过是孔子的“托古”，而现实的政治是把太平放在未来。《大同书》虽然带有空想社会主义色彩，但他描绘的大同世界，却是当时西洋的资本主义制度，比如他说去国界后的太平世公政府“若美国、瑞士之制是也”。他还分不清什么是资本主义，什么是社会主义。

汤志钧先生曾经对《大同书》的成书过程有过翔实的考证，他说：“《大同书》是康有为在1901—1902年避居印度时所撰，但并不意味他这时已经定稿，在此以后，康有为又曾屡次修改。”以下汤先生叙述了康书的修改过程，又说，“这些情况，正说明了康有为对《大同书》的不断增补，在《大同书》的稿本和印本中，都有上述迹象，疑《大同书》直至康有为逝世前，犹未最后定稿”。(《康有为与戊戌变法》第117—122页）但康有为自己说在1884年即撰有是书，汤先生推测其倒填年月的原因道：“任何一个人的思想，总不是孤立发展的，随时会受到传统的、外来的思想影响，康有为却将自己装扮为‘冥心孤往’者，例如，他明明受了廖平的启示，从事《新学伪经考》《孔子改制考》的撰述，却说是……自己创造发明的。”(同上第123页）这又回到我们谈过的问题——康有为讳言廖季平。

康有为在提出大同说前，是以大一统说为极致，大一统是一种政治概念，只是要求政治上及文化上的一统，而不及社会性质的改变,《大同书》的出现牵涉到社会性质的改变了。

汤志钧先生曾经提出康有为对《大同书》曾不断增补，直至他逝世前，犹未最后定稿。这也说明康有为根据他不断增长的新知而修改自己的学说，以期完善。对于一个学者来说，这是可取的，同时这也是公羊学派多变精神的反映，他的弟子梁启超也曾经说，不惜以今日之我攻击昔日之我，而同时的今文经师廖季平更是多变，以致有《六译馆丛书》。今文多变，不同于古文之保守，此可于晚清今古文大师康有为、章太炎之学术思想中，寻觅出来。

由康的弟子钱定安作序，1935年中华书局出版的《大同书》，可能是最后定稿了，钱在序中，归纳康的大同世界道：

> 夫大同之世，天下为公，无有阶级，一切平等。既无专制之君主，亦无民选之总统，国界既破，则无政府之可言。人民皆自由平等，更无有职官之任。男女既平等独立，则以情好相合……不名夫妇。三年怀抱，二十年教养……则其于父母无恩，孝道可废。及其老也，又有公共之养老院……考终，则有公共之考终院，则于子无靠，慈义可废。人民既受公共之教养二十年后，公家又给之职业……如此则永无失业之人。且既无家室，负担益轻，则其私产自无所用之……如此则私产制度废；资本主义，自烟消云散矣。且于斯时，人类既安居极乐……新器日多，新制日出，必有能代肉品之精华而滋养相同者，至是又不食鸟兽之肉而至仁成矣。……盖人与万物，在天视之，固同一体也，爱物为大同之至仁矣。于斯时也，人物平等，是之谓大同矣；此先生仁心之术也。

康有为多变亦勤学，有此学说，当受各国社会主义思潮之影响，而康本学佛，其中又有极乐及不杀生种种思想在内。在

《大同书》原书中，我们看它的目录，也可以想象其详细内容。目录：

甲部：入世界观众苦

乙部：去国界合大地

丙部：去级界平民族

丁部：去种界同人类

戊部：去刑界保独立

己部：去家界为天民

庚部：去产界公生业

辛部：去乱界治太平

壬部：去类界爱众生

癸部：去苦界至极乐

在癸部："去苦界至极乐"章节中，我们选择几条所谓"极乐"如下：

①大同之世，人人皆居于公所，不须建室，其工室外，则有大旅店焉。当时旅店之大，有百千万之室，备作数等，以待客之有贫富者。其下室亦复珠琖金碧，光彩陆离，花草虫鱼，点缀幽雅。若其上室则腾天架空，吞云吸气，五色晶璃，云窗雾槛，贝阙珠宫，玉楼瑶殿，诡形殊室，不可形容，而行室、飞室、海舶、飞船四者为

上矣。

②大同之世，只有公所旅店，更无私室，故共饮食，列座万千，日日皆如无遮大会。……大同之世无奴仆，一切皆以机器代之。……

③大同之世，自发至须眉，皆尽剃除，五阴之毛，皆尽剃落，惟鼻毛以御尘埃秽气，则略剪而留之。盖人之身，以洁为主，毛皆无用者也。……文明之人剪发，太平之人，文明之至也，故一毛尽拔，六根清净。……惟无毛者，超然为最高明之人也。

④……太平之文明，必有妙药，一毛不留矣。……所谓文明者华洁也，故太平之世，人人皆色相端好，洁白如玉，香妙如兰，红润如桃，华美如花，光泽如镜。今世之美人，尚不及太平之丑人也。

⑤于时人皆为长生之论，神仙之学大盛，于是中国抱朴贞白丹丸之事，炼煞制气、养精出神、尸解胎变之旧学乃大光于天下。……隐形辟谷，飞升游戏，亦必有人焉。若是者可当大同之全运。……盖神仙者大同之归宿也。

以上我们只是选录几条，已可见康有为理想中之大同世界。

全身无毛亦属文明，而美妙如仙、白日飞升、神仙境界，皆属大同。以此言太平大同世，亦极幻想之能事，非仅空想矣。康有为在《大同书》最后总结说："大同太平，则孔子之志，至于是时，孔子三世之说，已尽行。惟《易》言阴阳消息，可传而不显矣。盖病已除矣，无所用药，岸已登矣，筏亦当舍。故大同之世，惟神仙与佛学二者大行。盖大同者，世间法之极，而仙学者，长生不死，尤世间怯之极也。佛学者，不生不灭，不离乎世，而出乎世间，尤出乎大同之外也。……故大同之后，始为仙学，后为佛学。下智为仙学，上智为佛学，仙佛之后则为天游之学矣，吾别有书。"（《大同书·癸部：去苦世至极乐》）大同世界而极于仙佛。康有为公羊学者，其书亦多"非常异义可怪之论"，固本学派之传统。但公羊学究属中国中古哲学，非可语于当今。但康有为终以大同思想代大一统学说，大同当然包含有大一统思想在内，而大同世为社会性质之改变，不同于大一统之为政治上的统一；在经学思想上此为跃进。康有为之《大同书》多幻想而终于仙佛，纯属无法达到之境界，但大一统学说，固深入人心，乃千古不灭者！

历史的回顾

十.

大一统的思想，三千年来浸润着我国人民的思想感情，这是一种凝聚力。这种力量的渊泉，不是狭隘的民族观念，而是内容丰富，包括有政治、经济、文化各种要素在内的实体。而文化的要素更占有重要地位。“华夏文明”照耀在天地间，使我国人民具有自豪感与自信心，因而是无比的精神力量。它要求人们统一于华夏，统一于“中国”；这“华夏”与“中国”不能理解为大民族主义或者是一种强大的征服力量。它是一种理想，一种自民族国家实体升华了的境界，这种境界具有发达的经济，理想的政治，崇高的文化水平，而没有种族歧视及阶级差别，是谓“大同”。当然这种境界是逐渐形成的，由大一统的政治统一过渡到社会性质的变迁。

华夏文明本来是夷夏文明之融合，夷夏是中国古代两个部族，而夏族本身也是多民族的复合体。在民族时代实行族外婚，因而有姬姜两姓，而姬姜两姓的始祖为黄帝、炎帝；黄帝是夏周始祖，而炎帝之后嗣为姜。黄帝轩辕氏亦号有熊。轩辕即天鼋，亦即玄鼋。《国语·周语》云：“我姬氏出自天鼋”，而夏人崇拜玄鼋，《国语·郑语》云“夏之衰也，褒人之神化为二龙以同于王庭。……龙亡而漦在，椟而藏之……及厉王之末发而观之……化为玄鼋以入于王府”。褒姒姓，褒人之神化为二龙，而龙漦化为玄鼋。“玄鼋”据韦注即“象龙蛇者”。是知玄鼋即天鼋之别称，或因地区不同而有“天”“玄”之别。在金文中多有玄鼋，特以过去未能识出，故古文字与文献记载，未能合符。在洛阳曾有出土的天兽器群，虽然没法判断天兽的种属，但就其形状看，说为熊，可以无误。结合文献，我们断定此天兽即有熊氏，黄帝号有熊，亦名轩辕，两者合一，说明姬姜两族之合一。《楚辞·天问》有云：

焉有虬龙，负熊以游。

龙负熊游，说明炎黄两族之结合，而“炎黄子孙”遂为中华民族大一统的象征。

大一统的社会是一种礼乐文明的社会，社会在发展，虞夏商周是中国阶级社会中最初的四代，而以周代具有最好的礼乐文明，所以孔子说“郁郁乎文哉，吾从周”。在宗周的时代中国古代的学术经典已经初步完成，《易》《诗》《书》《礼》在当时的文化结构上都起了良好作用。集中国古典学术之大成而有新知的学者是春秋时代的孔子。司马迁在《史记·孔子世家》中指出：“古者诗三千余篇，及至孔子，去其重，取可施于礼义。……三百五篇，孔子皆弦歌之，以求合韶、武、雅、颂之音。礼乐自此可得而述，以备王道，成六艺。……孔子以《诗》《书》《礼》《乐》教，弟子盖三千焉，身通六艺者七十有二人。”经书本来不出于儒家，但自孔子后，以《诗》《书》《礼》《乐》教弟子，而身通六艺者七十二人。此后经与儒家结合，经书遂为儒家之经典，以此教学并教育后人，是以华夏文明乃以儒家文化思想为中心，影响中国文化者两千余年，余风所及乃及东亚、西欧，称为中国儒家文化。糟粕精华取舍不同而表现亦异，如何评价这一伟大的文化体系，如今尚在探讨中，但其中之大一统思想固为千古不磨灭者！《公羊春秋》是发挥大一统思想最有力的经典著作。公羊为齐学，齐学、鲁学同属儒家。鲁学尊传统，而齐学贵创新，新的儒家乃多法家气息。故《公羊》在学术系统上虽继承孟、荀，在政治思想上则近于荀子，汉代公羊大师董仲舒亦复如此。《公羊传》在开宗明义中首创大一统，隐公元年有云："曷为先言王而后言正月？大一统也。"其实这是"文一统而实不一统"。春秋初年不是一个一统天下；相对一统，西周式的一统，已不存在，何况大一统。但公羊派在理想中，以为当有周文王统治下的一统。何休诂《公羊》一统实为真正之大一统，自公侯至于庶人，自山川至于草木昆虫，莫不系于正月，也就是系于"王纲"之政令。正月为王朝政教之始，统一于王朝者必奉王朝颁布之正朔与法令，而以周文王为大一统的象征，故《公羊》云："王者孰谓？谓文王也。"

理想的大一统是王者无外，而王者无外属于"三世"

说中的所见世。在《公羊》中以传闻世为据乱世，所闻世为升平世，而所见世为太平世。在据乱世，“中国”、诸夏、夷狄有别；在太平世才是“王者无外而夷狄进于爵”。

理想终于成为现实。项羽、刘邦灭秦后，项羽力强，实为天下盟主，但羽实一战将，无统一大志，起兵亡秦亦为个人富贵计，定天下后遂分天下，立诸将及起义者为诸侯王，而自立为西楚霸王，王九郡，都彭城。盖历史发展非直道而前，秦始皇以万钧之力，破灭关东诸侯而一统，死后不久天下乱，农民起兵，项羽继之，灭秦后又分裂天下为侯封，于是复乱。楚汉相争，刘邦居关中，既有甲兵，又富辎重，立于不败之地，垓下之战，项羽亡而刘邦王矣。刘邦都关中，逐渐削除诸异姓侯王，集权式的一统帝国初见端倪，而汉初大敌为匈奴，匈奴不服，汉将无以为家也。文景时代休息生养，为后来武帝之大一统事业建立下雄厚的物质基础。至武帝初七十年间，国家无事，非遇水旱，则人给家足，都鄙廪庾尽满，而府库余财。众庶街巷有马，阡陌之间成群，既富而后，外事四邑，内兴功利矣。

大一统必以夏变夷，使夷狄进于爵。而匈奴之文化传统与汉相去甚远。匈奴虽称夏裔，但久不与中国之朝聘，其民，士力能弯弓，尽为甲兵，其俗宽则随畜田猎禽兽为生业，急则人习战攻以侵伐。利则进，不利则退。适逢汉兴而匈奴亦强大，而冒顿单于挟虎狼之勇狠，汉廷益无宁日，白登之围，吕后之辱亦婉转忍受而已，武帝出，两强相遇，勇者胜，而形势大变。大将卫青、霍去病之对匈奴，如唐代李靖、苏定方之对突厥，以雷霆万钧之力，造成大一统之局面，汉唐遂称中国之极盛世。大一统局面非仅由马上定之，武功后必有文治，于是有汉武帝之天人三策而董仲舒出。

董仲舒思想有时近于巫，但其对策中的教化理论实多精彩。他第一对策的核心思想是劝武帝“更化”，以达到礼乐文明的理想世界。他的对策为武帝所欣赏。在第二策中他重点谈选贤与教育等问题。他以为汉继秦后，并有天下而功未加于百姓者，关键在于未能养士求贤。大学教育为了养士，而养士为了选贤，选贤为了充实各级政府、改良政治，这是三王之政。这是从根本做起，任何时代，任何一种社会，欲求政治清明，经济发达，文化昌盛，都必从选士开始，不选而任，贵者世袭，未有不亡者。而良士出自教育，教育为立国之本。董仲舒究竟是经学大师，是有思想的杰出人物。在第三策中他谈到“人受命于天……是其得天之灵，贵于物也”。乃是对于人生价值之重新估计，是对于“人”的重大发现。人乃万物之灵，贵于万物，因而不能自小。没有人就没有宇宙，没有人宇宙中就没有灿烂的文明。文明是人类的创造，为宇宙增加了生命与光彩。发现人，重视人，才有人文，才有文明。

董仲舒曾提出“天不变，道亦不变”的理论，为后人所诟病。董氏所谓天是礼义的天，这是不变的天，从儒家的立场言，这不能说错，因为天（宇宙）是善良的才能生长万物；如果是恶，不会有生机勃勃的宇宙。道不变而朝廷的政治可变。董仲舒以为三代为后世典范而不可变，另一方面又可以损益其间，这是可变。在《三代改制质文》篇中董仲舒又提出三统说：黑统，白统，赤统，作为传统说的补充，也是《公羊》三世说的形而上学根据。在三统论的体系内，以《春秋》当新王，而新周、故宋，三王之上为五帝，五帝之上为九皇。而王者之制，一商一夏，一质一文；商质主天，夏文主地，《春秋》主人，是谓四法，四法如四时，周而复始，然后谈大一统。此所谓大一统亦“天人合一”之广义大一统。

司马迁也鼓吹三统，提倡三世。他也充分肯定了公羊学派大一统的学说，他在称赞秦代一统的时候说，“秦并海内，兼诸侯，南面称帝，以养四海。天下之士，斐然乡风，若是者何也？曰，近古之无王者久矣……令不行于天下，是以诸侯力政……兵革不休，士民罢敝。今秦南命而王天下，是上有天子也。既元元之民冀得安其性命，莫不虚心而仰上”。（《史记·秦始皇本纪》）对于暴虐的秦始皇而有如此赞美的评价，实在是称赞其大一统，上有天子，政令一统而元元得安其性命。

何休是汉末公羊学之总结者，有此总结遂使《公羊》中之非常异义可怪之论传于后世。在他的《春秋文谥例》中，他曾经归纳《春秋》的文例，说：

> 此《春秋》五始、三科、九旨、七等、六辅、二赞之义，以矫枉拨乱为受命品道之端，正德之纪也。

以上“三科、九旨”又是全书之主旨所在。何休说：“三科九旨者，新周、故宋，以《春秋》当新王，此一科三旨也。所见异辞，所闻异辞，所传闻异辞，二科六旨也。内其国而外诸夏，内诸夏而外夷狄，是三科九旨也。”而三科九旨又以“三世”说为核心。衰乱世，诸侯割据，未能一统，这是“内其国而外诸夏”的时代；升平之世，逐渐华夏一统，于是“内诸夏而外夷狄”；太平世是大一统，“夷狄进于爵”，而天下小大远近若一。

何休是东汉末年为前期公羊学派作总结的人。自战国以来公羊学有了许多变化与发展。在何休总结的时候，他理想的大一统已与汉末的实际情况背道而驰，这总结并无现实意义，而只能是“书面总结”。不过他究竟保存了公羊学派思想的精华，在湮没了千年之后，清代乾嘉时代终于发现了公羊学，也发现了何休的总结，因而引起晚清时代轰轰烈烈的公羊学！

宋代是一个肯用心思考而理学发达的时代，伴随着理学发达，春秋学亦大兴，他们不满于过去的三传，而有许多新传产生，程颐及胡安国都有新传。程氏《春秋传》未能完成，南宋初继作《春秋传》而影响较大者为胡安国。迫于时势南宋时无法谈大一统，胡传亦只能侈谈“尊王攘夷”。至朱熹出，遂于大一统论外，更谈正统说。朱子有《资治通鉴纲目》一书，全书完成由其弟子，但有关凡例则出自朱子，在凡例中首标正统与僭、弑之例。盖自有《公羊》大一统学说以来，浸入人心，遂无不以中国之一统为常，而以分裂为变。而时至南宋，四裔交争，而一统无存；朱子遂倡正统说，以补其不足，四裔虽有君，但非正统，正统之君实为大一统之负荷者。虽不一统而居于正统，此说亦深入人心，有助于大一统之实现。

宋代学者并没有重视《公羊》，也没有发现何休的总结；《公羊》又沉睡了几百年，清代乾隆年间常州学派崛起，于是公羊学复苏，至晚清而大盛，遂演成维新变法之洪流，是为公羊学之开花结果时代。常州学派始于庄存与，但他没有发现何休，以此他在公羊学上虽然启蒙，但无新义，至刘逢禄才回到何休的思想范畴内，他发现了何休的总结而注意到“非常异义可怪之论”，因而刘逢禄出，公羊学的思想体系为之丕变。刘逢禄论大一统：

> 自王纲不振，小雅尽废，强大兼并，君臣放弑，诸侯奔走，不得保其社稷者不可胜数。……厉幽之亡，不生孔子，天将以《春秋》之制统三正而正万世也。……夫子……于是受命制作，取百二十国之宝书，断二百四十二年之行事，上诛平王而下及于庶人，内诛鲁公而外及于吴楚，虽冒万世之罪而不敢避。……小雅尽废，乱贼所以横行也。《春秋》欲攘蛮荆，先正诸夏；欲正诸夏，先正京师；欲正士庶，先正大夫。……欲正诸侯，先正天子京师；天子之不可正，则托王于鲁以正之。（《公羊何氏释例·诛绝例》第九）

他虽然没有正面提大一统问题，但三世义还是归结于大一统，其所谓“欲攘蛮荆，先正诸夏；欲正诸夏，先正京师……欲正诸侯，先正天子京师；天子之不可正，则托王于鲁以正之”。托王于鲁，是以鲁为象征性的大一统；或者是以《春秋》当新王；新王是大一统的新王，是王者无外的新王。刘逢禄说，“王鲁者即所谓以《春秋》当新王也。夫子受命制作，以为托诸空言，不如行事博深切明，故引《史记》而加乎王心焉”。孟子曰，“《春秋》者天子之事也”。（《公羊何氏释例·王鲁例》第十一）因为非王者不议礼、不制度、不考文，而《春秋》为新王立法，故以《春秋》

当新王。

稍后于刘逢禄的公羊学者有龚自珍，他是一位具有思想体系的公羊学家。前此公羊学的社会基础是封建社会，他们中间的变革设想都在封建社会内，没有超出封建社会的蓝图，而龚自珍的思想具有近代风貌，也就是他跳出封建社会的樊笼而具有资本主义社会的因素。比如对于私有制的“私”字，他有不同于流俗的见解，他以为天地圣哲到寡妇贞女无不有私；圣人有私而庸夫俗子则以“公”作号召。因而说：“今曰大公无私，则人耶，禽兽耶！”（《定盦续集》卷一《论私》）只有在资本主义社会才能赤裸裸地提倡私字，歌颂私有，以“私有”为道德。这新的价值观念，是封建社会所不允许的，是违反传统道德体制的。他是善于思考而大胆的，他是中国封建社会末期敢于向传统价值观挑战的公羊学者，这是万马齐喑下的惊雷，章太炎詈之为儇薄小生，未免失言！

清末康有为出，公羊学派的思想遂有实施的机会，他的变法维新跳出封建社会的樊笼而向往着资本主义加上许多空想，遂名之曰“大同”！康有为究竟受有公羊学派传统的影响，为了变法维新，他知道应当树立思想上的权威；有了权威，以之作为工具，向当时守旧的封建社会挑战。他建立起公羊经学的权威和孔子改制的权威。梁任公先生说：“有为谓孔子之改制，上掩百世，下掩百世，故尊之为教主。误以欧洲之尊景教为治强之本，故恒欲侪孔子于基督，乃杂引谶纬之言以实之，于是心目中之孔子，又带有神秘性矣。”（《清代学术概论》二十三）以孔子为教主是最大的权威。但树立权威，不是轻而易举的事，于是他以为在中国历史上曾经有两次造经造史运动，一次是孔子，一次是刘歆，目的都是变法改制。而康有为实际也在造经造史，以树立自己的权威，以期其变法维新运动，可以完成。

康有为究竟失败了，但他的思想体系完整而恣肆，在中国近代思想史上是杰出的，在中国经学史上，是一个光辉的总结。虽然他的大同思想，包含有更广泛的大一统思想，但其中多幻想成分不要说空想了。清朝亡后，公羊学再也不能与政治改革联系在一起，脱离政治的公羊学，遂为古史辨派的史学方法的有力依据。顾颉刚先生是古史辨派的主将，他用《公羊》托古改制的理论而怀疑中国传统的古史体系，遂有“古史辨”的产生。在顾先生的思想体系中，我们也可以找到大一统的思想成分及各民族平等的进步思想。这也是公羊学的光辉下场！

后记

2011年仲春的一天，突然接到北京出版社莫常红先生的电话，说：出版社为普及社科知识，已于早些时候开始出版发行了一些名家大作，名之为“大家小书”。在他们今年的出版计划中，拟将收入先父杨向奎先生的《大一统与儒家思想》，征求我是否同意。我没怎么思索便一口答应了。因为我知道学术大家们呕心沥血所完成的著述，都是很严谨高尚且于国家社稷和当代的社会主义建设十分有益的科学成果。把这些东西再广泛地放回到社会中去，让更多的人阅读、领略，是一件很有益处的事情。

《大一统与儒家思想》是先父于1988年春天应张璇如、蒋秀松、郭建文等先生之约而写就的，1989年曾由中国友谊出版社出版。

父亲曾说：“中国的史学在世界上堪称首屈一指，有编年体的史书，有纪传体的史书，还有纪事本末体的史书。我们不仅有发达的史学，还有完整的历史哲学体系，主要表现在公羊学派的理论上。……在历史哲学上，影响最大的是《公羊传》。……《大一统与儒家思想》论述了大一统思想的缘起，公羊学的内容和发展历程。”[1] 这就把他撰写此书的缘由和主要内容交代清楚了。

父亲去世已十年又八个月了。如果他在天有灵，对于

[1] 杨向奎口述，李尚英整理：《杨向奎学述》浙江人民出版社，2000年。

再行出版他的旧作一定会十分高兴的。我作为他的长女，只愿意分享他的这份快乐，而不愿意从中获得物质利益。所以，我主动放弃了出版单位意欲支付给我的版税。不论金额多少，都用以支持这项出版事业的持续发展。

杨永贤
2011年3月24日于唐山

出版说明

“大家小书”多是一代大家的经典著作，在还属于手抄的著述年代里，每个字都是经过作者精琢细磨之后所拣选的。为尊重作者写作习惯和遣词风格、尊重语言文字自身发展流变的规律，为读者提供一个可靠的版本，“大家小书”对于已经经典化的作品不进行现代汉语的规范化处理。

提请读者特别注意。

文津出版社